AF488217

E D D Y   V E R A

TENGO **MEJORES PLANES** PARA TI

LA FÓRMULA DE ORAR, CREER Y ACCIONAR

Publicado por Aurum Books 79
Una división de Bridger Communications Miami - Florida

Aurum Books 79: Ricardo A. Mejía, Director Ejecutivo

Fotografía: Manuel Hernández

Aurum Books 79 Síguenos en instagram @aurumbooks79

ISBN: 979-8-9994773-8-5

Diseño editorial, Deka Design Estudio.
Portada: Jonny Alexander Torres
Diseño: David Osorio Valencia

A mi papá.

Este libro es tuyo tanto
como mío.

Existe porque tú exististe
ahí, una y otra vez, **incluso
cuando todo se caía.**

Gracias por quedarte cuando mi cuerpo no
respondía.

Por dormir en pisos de hospital sin saber qué
iba a pasar al día siguiente.

Por sostenerme la mano cuando yo no tenía
fuerzas ni para sostenerme a mí misma.

Por no prometerme que todo iba a estar bien,
pero sí hacerme sentir, siempre, que no estaba
sola.

Papá, tú estuviste en mis momentos más duros, pero también en mis alegrías, en mis logros, en mis pasos firmes.

Estuviste cuando me tocó caer

y cuando me tocó levantarme.

Nunca te fuiste.

De niña pensaba que eras fuerte porque no te veía caer.

Hoy, con 28 años y con una vida que me hizo crecer rápido, entiendo que tu verdadera fortaleza fue quedarte aun cuando también te dolía.

No eras invencible.

Eras humano.

Y aun así, elegiste amar sin condiciones.

Gracias por creer en mí incluso cuando yo dudé.

Gracias por enseñarme a confiar en Dios sin necesidad de entenderlo todo.

Gracias por mostrarme que la fe se vive, no se dice.

Que el amor verdadero no abandona.

Que estar presente también es un acto de valentía.

Muchas veces, cuando dudé de todo, mirarte fue suficiente para volver a creer.

Porque en tu forma de amar, de resistir y de sostener, Dios siempre estuvo muy cerca.

Este libro lleva mi nombre, pero en cada página estás tú.

En cada palabra, en cada logro, en cada paso que di hacia adelante.

Si algún día logro ser para alguien aunque sea una parte de lo que tú has sido para mí, sentiré que hice las cosas bien.

Con todo mi amor,

con toda mi gratitud,

con todo lo que soy,

Tu hija.
La que sigue de pie
porque aprendió de ti.

ÍNDICE

PRÓLOGO

Por Daniela Ospina

Hay historias que no solo se leen.

Se sienten.

Se quedan contigo cuando
cierras el libro.

**Te obligan a mirarte por
dentro, a cuestionarte, a
agradecer, a respirar distinto.**

Cuando tuve este libro en mis manos, no sabía que iba a encontrarme también conmigo.

La historia de Eddy no es una historia perfecta. Es una historia real.

Una de esas que no esconden el dolor, pero tampoco se quedan atrapadas en él. Una historia que habla de caerse, de volver a empezar, de hacer preguntas incómodas, de aprender a vivir un día a la vez, de amar con más conciencia y de encontrar propósito incluso cuando el camino no se parece en nada a lo que soñábamos.

Mientras leía, me sorprendí riendo, emocionándome, haciendo pausas para respirar, y en algunos momentos, simplemente quedándome en silencio. Porque hay páginas que no se pueden pasar rápido: necesitan sentirse.

Eddy aprendió muy joven que el cuerpo también pone límites. A los quince años, el síndrome de Guillain-Barré la llevó a una silla de ruedas y la obligó a empezar de nuevo cuando apenas estaba comenzando a soñar. Más adelante, enfrentó un cáncer agresivo, sin certezas, sin recursos, sin garantías. Momentos donde la fe no es una frase bonita, sino una decisión diaria.

Y aun así, eligió creer. No desde la negación, sino desde una esperanza profunda que entiende que incluso en medio del caos, la vida puede abrir caminos inesperados.

Luego vino la migración. Llegar a Nueva York con poco dinero, mucho miedo y una voluntad inmensa de salir adelante. Trabajos duros, días largos, aprendizajes constantes. Sin victimizarse, sin vergüenza, con humildad y con una fe silenciosa que la sostenía incluso cuando el futuro todavía no se veía claro.

Hoy, Eddy lidera una empresa con miles de clientes y un equipo grande, pero lo más valioso no es la cifra, sino la persona que se construyó en el proceso.

Este libro no pretende darte respuestas absolutas. Te invita a hacerte mejores preguntas. A escuchar tu intuición. A confiar en Dios, en tu proceso y en tu capacidad de volver a levantarte.

A entender que el cambio es constante, que el amor también se aprende, que el propósito se cultiva, y que muchas veces la vida solo nos pide vivir bien el hoy.

Leer esta historia fue como recibir una bocanada de aire fresco. Me recordó que siempre podemos reescribir nuestro camino, que no estamos definidos por nuestras heridas y que incluso las etapas más difíciles pueden convertirse en semillas de algo hermoso.

Gracias, Eddy, por tu valentía al compartir tu historia. Por recordarnos que la fe, cuando se acompaña de acción, puede mover montañas internas. Es un honor para mí acompañar este libro con estas palabras.

Con cariño,

Daniela Ospina

Piensa en lo que significa ser verdaderamente resiliente.

Seguir adelante cuando el camino es empinado, resistir cuando el peso se siente insoportable y **levantarse cada vez que la vida intenta derribarte.**

Ahora, imagina conocer a alguien que encarna, cada día, esa verdad. Alguien que se niega a dejar que la negatividad, la duda o el miedo apaguen su luz, y que, en cambio, irradia alegría y te contagia con su fe inquebrantable.

Yo he tenido la fortuna de conocer una persona así: Eddy Vera, alguien que te envuelve con su calidez desde el primer encuentro, contagiándote, además, con esa sonrisa que nunca desaparece de su boca. Escuchas su historia y no puedes creer cómo siguen primando en ella la fe en Dios y la bondad en el trato con los demás. Su cuerpo se ha paralizado en varias ocasiones, ha sobrevivido al cáncer, pero cada prueba que la vida le ha puesto la ha superado con creces. A través de la terapia, el trabajo duro y la oración, se ha fortalecido cada vez más. Es evidente la presencia de Dios en cada paso que da. Eddy es resiliencia pura, un alma cuya energía eleva a los demás.

La trayectoria de Eddy es verdaderamente inspiradora. A medida que te adentres en su historia, comprenderás por qué es una de las mujeres más extraordinarias que he conocido, alguien que logra transformar cada dificultad en una oportunidad. Eddy ha elegido vivir con propósito, todas sus acciones se encaminan al crecimiento personal y profesional. Les ha abierto la puerta a sus sueños y todos los días se levanta a trabajar por ellos, agradeciéndole a Dios por darle un nuevo amanecer.

Eddy, más que un ejemplo, es un recordatorio constante para quienes tenemos la fortuna de conocerla. Ella nos ha enseñado que la alegría se encuentra en lo cotidiano y que confiar en Dios, incluso cuando la vida se siente incierta, es la única opción, pues él lo tiene todo bajo control. Ha llegado tu turno de caminar junto a ella. Estoy segura de que te inspirará a afrontar tus propios desafíos con humor, esperanza y mucha convicción. Eddy, gracias por mostrarnos que no hay imposibles.

Ashley Castillo
Fisioterapeuta

La llegada de Eddy a nuestro hogar fue un regalo soñado. Durante dos años le pedimos a Dios por la bendición de una hija,

y el día que Amelia me confirmó que venía en camino entendí que los milagros existen y que **la vida no deja de sorprendernos con respuestas perfectas.**

Desde entonces, su existencia ha sido un reflejo de fe, esperanza y amor inquebrantable. Su vida, marcada desde pequeña por diagnósticos médicos graves y otras pruebas difíciles, parecía querer terminar su paso por este mundo físico demasiado pronto. A los quince años tuvo síndrome de Guillain-Barré, después, una recaída aún más fuerte, y a los diecinueve, el impacto de un cáncer ovárico que golpeó no solo su cuerpo, sino también el corazón de toda nuestra familia. Sin embargo, ninguna de estas pruebas fue un punto final. Eddy siempre volvió a levantarse, enseñándonos que la fe, la paciencia y el amor familiar son tan fuertes que pueden transformar cualquier dolor en una victoria.

Pero Eddy no es solo mi hija, es una hermana ejemplar y una amiga verdadera para quienes han tenido la fortuna de coincidir con ella. Es un ser incondicional, que entrega lo mejor de sí gracias a su corazón leal y generoso. Además, tiene la capacidad de saber cómo y cuándo acompañar. A veces en silencio, a través de la oración y la presencia; otras veces actuando con absoluta determinación: lista para buscar soluciones, explorar nuevos caminos y sostener a otros cuando las fuerzas parecen acabarse. Al igual que Dios, nunca duda en extender sus manos para aliviar las cargas ajenas. Muy pocas veces he escuchado salir de su boca un "no".

Describirla en una sola palabra sería fácil. Eddy es resiliencia, un testimonio vivo de que las batallas más duras son la antesala de los milagros más grandes. Yo, aunque soy su padre, reconozco que mi hija es mi bastón y mi fuerza. Su ejemplo me ha motivado a seguir luchando incluso en los momentos en que yo debía enseñarle a ella. Su historia es un recordatorio permanente de que no hay sueños imposibles mientras nos decidamos a perseverar acompañados de Dios.

Estoy completamente seguro de que las páginas que leerán a continuación tendrán un enorme impacto en ustedes, pues no solo conocerán la extraordinaria historia personal de Eddy, sino que aprenderán de su filosofía de vida, orientada por valores sólidos y una capacidad de acción incansable que la han llevado a alcanzar semejante éxito profesional en tan pocos años. Este prólogo no es solo el inicio del libro, es un mensaje para sus corazones: no hay obstáculo que pueda apagar la luz de quien confía en Dios. Eddy es la prueba viva de que los milagros existen y caminan con nosotros cada día.

Roque Vera,
tu padre por siempre.

INTRODUCCIÓN

Querida Eddy,

Hoy abres los ojos y te das cuenta de que la parte inferior de tu cuerpo no responde.

El miedo se apodera de ti, y tu mente se llena de preguntas que cortan como cuchillos: **"¿Y si nunca vuelvo a caminar? ¿Y si mi vida terminó aquí?"**

Te entiendo. Yo también estuve ahí. Pero escucha con atención: este no es tu final, aunque hoy no lo puedas comprender, es tu comienzo. Este día trágico luego será recordado como el punto de quiebre que forjó tu carácter. La parálisis que hoy te asusta será el fuego que encenderá tu fe, disciplina y resiliencia. Lo que hoy percibes como una condena, un día lo contarás como una bendición disfrazada.

Te anticipo que no será fácil y que te esperan tormentas más grandes que esta. Perderás la salud, perderás dinero, perderás amistades y amores que juraste eternos. Incluso perderás una parte de ti, y el corazón se te romperá en mil pedazos, entonces aprenderás que dar vida no es solo concebirla; dar vida es inspirar, transformar y tocar las almas de quienes te rodean.

Habrá noches en que no tendrás nada para comer. Abrirás la nevera y estará vacía. Aun así, sonreirás y caminarás con la frente en alto, porque tu interior está lleno de fe. Descubrirás, entonces, que la verdadera riqueza no son tus posesiones ni el dinero que tienes en el banco, sino la dignidad y la determinación con las que eliges vivir cada día.

Migrarás y trabajarás en oficios que nunca imaginaste: pintarás uñas, limpiarás casas, cuidarás niños, atenderás mesas en restaurantes. Trabajos, en apariencia insignificantes, que te darán grandes lecciones. Los comienzos humildes no definen tu final, son el primer paso para alcanzar metas inimaginables.

Aprenderás que hay otras culturas y que sus formas de ver y vivir la vida son muy distintas a las que hoy conoces. Tendrás dificultades para comunicarte y te sentirás fuera de lugar; esas experiencias, esa inmersión en la diversidad, te convertirán en ciudadana del mundo:

una mujer capaz de adaptarse sin perder su esencia.

Vas a equivocarte, muchas veces. Vas a fallar. Vas a herir personas en el camino, aun sin quererlo, y también serás herida. No serán tropiezos, no serán fracasos. Cada fallo será un aprendizaje. Cada error te permitirá ser más asertiva. Cada equivocación será una lección de humildad. Cada herida te mostrará el poder del perdón, haciéndote más bondadosa contigo y los demás. Y poco a poco descubrirás que la vulnerabilidad no te quita fuerza, por el contrario, te convierte en ejemplo y te otorga legítima autoridad.

Te sentirás sola, casi huérfana, y preguntarás dónde está Dios. Lo sentirás lejano y silencioso. Créeme, nunca te abandonó, nunca te ha abandonado. Te estaba preparando para que siempre des lo mejor de ti. Cada caída que sobreviviste fue porque Él te sostuvo. Cada lágrima que secaste fue porque Él te dio fuerzas. Cada paso que diste, incluso temblando, fue porque Él ya había abierto el camino delante de ti.

Tus pérdidas económicas serán durísimas: sociedades que te costarán caro, dinero que se irá de las manos, proyectos que no saldrán.

Cada obstáculo financiero será un recordatorio de que lo material es pasajero; siempre se puede volver a empezar. También aprenderás que pocas relaciones duran para toda la vida; y aunque sea doloroso, los duelos hacen parte de la limpieza divina. No hagas caso a las palabras necias, no es fría quien suelta, es sabia quien no arrastra lo que su ciclo cumplió.

Lo más hermoso de tu historia es que no se trata solo de ti. Personas de más de sesenta años, que nunca habían agradecido en su vida, llorarán frente a ti porque después de escucharte encontraron mil razones para ser felices. ¡Mil! Y ahí comprenderás tu mayor regalo: enseñar al mundo que la felicidad no está en lo perfecto, sino en lo constante; en lo simple, pero real.

Gracias por no rendirte. Gracias por elegir levantarte cuando era más fácil renunciar. Gracias por pintar uñas aun cuando tus manos no respondían, esa fue tu manera de gritarle al mundo: ¡estoy viva! Gracias por aguantar el dolor, tus cicatrices han inspirado a otros a dar todo de sí un día más, una vez más. Gracias por dar cada paso, aunque fuera temeroso, la vida no premia a quien lo hace perfecto, sino al que pone a prueba su valor.

Querida Eddy, hoy tienes quince años y desde ya te anticipo que tu historia será más dura de lo que puedas imaginar. Sin embargo, te abrazo, y pido no dudes de ti, ni de Dios. Lo lograrás, con creces, convirtiéndote en testimonio de resiliencia. Otros se levantarán después de saber de ti.

Respira. Aguanta. Vuelve a respirar. Cree. Todo lo que te propongas, llegará. Y un día, cuando hables en escenarios, firmes libros y conozcas las historias de otras vidas transformadas, dirás: valió la pena. Entonces escucharás las voces de quienes, llenos de convicción, repetirán: "Si ella pudo, yo también".

Que todo mi amor, fe y gratitud lleguen a ti.

EDDY VERA, 28 AÑOS.
CEO EV FINANCIAL

CAPÍTULO 1
ENCANTADO DE CONOCERTE, MI NOMBRE ES **GUILLAIN-BARRÉ**

"Cuando Gregorio Samsa[1] se despertó una mañana después de un sueño intranquilo, **se encontró en su cama convertido en un insecto monstruoso".**

Cuando yo me desperté la mañana del 25 de enero de 2013 NO PODÍA MOVER MIS PIERNAS.

El día anterior había transcurrido sin mayores novedades, excepto un leve malestar que me hizo pensar que quizás me daría una gripe. Me acosté un poco débil y en la noche sentí un hormigueo en las piernas, esa sensación típica luego de estar en una misma posición por mucho tiempo. Sin embargo, en mi cabeza de quinceañera no hubo mayor preocupación, tampoco la tenían mis padres. Al día siguiente iría al colegio y en la tarde visita-

---

1   Protagonista del libro *La Metamorfosis* de Franz Kafka.

ríamos a una prima que estaba de cumpleaños el día 25. Pero los planes de Dios no eran esos, solo que aún no lo sabíamos.

"Eddy, levántate ya". "Eddy, es hora", decía mi papá, mientras entraba al cuarto para ver por qué no me había parado de la cama a pesar de que ya había ido una vez a despertarme. -Papá, no puedo-. "No estamos para esto, Eddy, deja la *mamadera de gallo*[2]." -Papá, de verdad, no puedo. No siento las piernas-. Incrédulo, y algo molesto, intentó levantarme del torso, y de inmediato percibió que algo estaba mal, estaba levantando un peso muerto. Era una realidad, de la cadera hacia abajo mi cuerpo no respondía. Llamó a mi mamá y lo primero que pensaron era que la falta de sensibilidad en las piernas podía estar relacionada con el ASLO, un tipo de anticuerpo que se produce cuando han ocurrido infecciones por bacterias del tipo estreptococo, y cuyos síntomas incluyen dolor e inflamación en las articulaciones. De estos dolores había sufrido desde pequeña, y cuando tenía estas crisis me aplicaban una inyección bastante fuerte. Esta

---

2   *Mamar gallo* es una expresión común latinoamericana, especialmente utilizada en Venezuela y Colombia, que hace referencia a engaños o burlas hechos de manera jocosa. Es sinónimo de *tomar el pelo.*

vez la inyección no dolió, lo cual no era buena noticia, pues evidenciaba que lo que pasaba con mis piernas era distinto, y seguramente más grave.

Con la ayuda de un vecino me subieron al carro y nos fuimos para el hospital de Tovar, municipio del estado de Mérida (Venezuela), en el que vivía con mis padres Roque y Amelia, y mis hermanos menores, Cristian, por entonces de trece años, y Nathy, de ocho. A ellos ya los habían llevado al colegio para evitar que se impresionaran con lo que me estaba ocurriendo. En el centro de salud comprobaron que no tenía reflejos ni sensibilidad, y fue entonces cuando, tras una evaluación neurológica, el doctor Gómez pronunció las tres palabras que cambiarían mi vida como jamás habría podido imaginar: *síndrome de Guillain-Barré* (SGB). "¿Síndrome de qué?", preguntamos nuevamente, y el doctor procedió a explicarnos: es una enfermedad autoinmune en la que el sistema inmunológico ataca por error el sistema nervioso, causando debilidad, entumecimiento o parálisis. La probabilidad de desarrollar este síndrome es muy baja; anualmente la contraen entre una y dos personas de cada cien mil. En 2013 una de esas personas fui yo, Eddy Vera, venezolana, con apenas quince años, estudiante de cuarto bachillerato, y quien un día antes no tenía mayores preocupaciones que los deberes escolares y el usual descontento que no disimulaba mi madre por un novio al que consideraba poco conveniente.

El doctor nos dijo que el síndrome podía detenerse con medicamentos, pero que en ese hospital, bastante precario, como los de casi todos los pueblos de Latinoamérica donde la escasez de recursos y personal es la constante, no los tenían. Debíamos irnos de inmediato a Mérida, capital del estado Mérida, donde sí podrían aplicarlos antes de que la parálisis comprometiera el resto del cuerpo, incluyendo las vías respiratorias. Como no había ambulancia para el traslado, nos fuimos en el carro mi papá, mi mamá y yo. Una hora más tarde estábamos en el Hospital Universitario de Mérida donde nos esperaban para confirmar el diagnóstico del doctor Gómez; si bien el síndrome de Guillain-Barré era una posibilidad, no se podían descartar otras enfermedades más graves como una esclerosis múltiple degenerativa, afección de la que años atrás había muerto uno de los hermanos de mi padre. Pero determinar qué tenía exactamente no era rápido ni sencillo; para mí, esta prueba de Dios era, como dicen coloquialmente, "con todas las de la ley". Después de una dolorosa punción lumbar, numerosos exámenes con todo tipo de especialistas y un correcorre por varios centros de salud en Mérida, pues la situación del sector de la salud era el vivo retrato del país, pudimos, después de veinte días de incertidumbre, confirmar que sí era el SGB. Aunque suene extraño, fue un alivio saber, ¡por fin!, que ese síndrome con nombre francés, y nunca antes escuchado por mí, era lo que tenía la mitad de mi cuerpo paralizado.

Es difícil poner en palabras lo que sentía físicamente en ese momento; en realidad, no sentía nada. Era como si mi cuerpo terminara en la pelvis y las piernas fueran un par de accesorios que se desprendían de ella. Veía los dedos de mis pies asomándose curiosos por la sábana y no podía moverlos siquiera un poco. Si alguien intentaba recogerme las rodillas debía agarrarlas por detrás, ya que no se sostenían solas ni por un segundo. En cuanto a lo que pasaba por mi cabeza, tomaré prestadas las palabras de Gabriel García Márquez: "La vida no es la que uno vivió, sino la que uno recuerda y cómo la recuerda para contarla". ¿Qué recuerdo? Recuerdo días que pasaron muy rápido. De un centro de salud a otro, de una prueba médica a otra, de múltiples visitas y, sobre todo, de mucha oración. Mis padres me decían que esta era una prueba para fortalecer mi carácter, hacerme más resiliente, más parecida a Jesús. Yo opté por creerles a ellos y a Dios.

Además, en el hospital nos dijeron que el SGB tiene muy buen pronóstico de recuperación; con medicamentos y, sobre todo, con terapias físicas, el cuerpo puede recuperarse por completo en algunos meses. Lo que no nos dijeron es que drogas y movimiento no son suficientes, hay que tener una altísima dosis de fe y en que siempre aparecerán ángeles que nos ayuden a recorrer los tramos difíciles de este maravilloso camino que es la vida.

CREER EN **DIOS** HACÍA PARTE DE MI **ADN** DESDE NIÑA.

Crecí en un hogar en el que no éramos simplemente religiosos, como lo son muchos, sino en el que la fe se vivía diariamente; éramos una familia decidida a confiar en los planes divinos sin entenderlos, convencidos de que si aparecían dificultades era porque podíamos convertirlas en oportunidades.

Mi padre era prueba de esto. Había sido alcohólico y drogadicto, incluso estuvo preso en varias oportunidades hasta que en la última celda que ocupó, sumido en la absoluta oscuridad, sintió que tenía compañía, que su condena no estaba decretada. Empezó su rehabilitación en un hogar de la orden religiosa de los padres Capuchinos, hombres sencillos y de vidas humildes, quienes le ayudaron a comprender que siempre sería un adicto, por lo que solo él podía salvarse diariamente eligiendo no consumir. Le reiteraron lo que ya sabía, que no estaba solo, que Dios, si él también lo elegía y honraba diariamente, nunca lo abandonaría. Mi papá empezó a frecuentar la iglesia para ayudar a quienes también habían optado por la sobriedad. Allí conoció a mi mamá, quien enseñaba catecismo… ¡y se estaba preparando para ser monja! Las cosas del amor, las cosas de Dios. La devoción por el servicio unió a Roque y Amelia, y aunque al principio la familia de mi mamá no estaba de acuerdo con el noviazgo, por el pasado de mi padre, ellos sí estaban convencidos de que no había sido una casualidad haberse conocido.

Durante el mes y medio que estuve hospitalizada me empecé a dar cuenta de lo que realmente significaba ser afortunada. Mi padre se trasladó al hospital, y cuando yo debía compartir habitación con otros pacientes, él, con sus casi dos metros de estatura, dormía debajo de mi cama en un colchón improvisado. Mi madre regresó a Tovar para cuidar a mis hermanos y viajaba en bus constantemente para verme, aunque fuera un corto saludo. En ocasiones llevaba a Cristian y a Nathy; ella, por su edad, no tenía autorización para entrar, pero las enfermeras sabían de nuestro vínculo y le permitían entrar un ratito. A Nathy, especialmente, le daba bastante duro mi ausencia porque yo, durante sus primeros años de vida, estuve a cargo de ella. Mi abuela materna se había muerto, causándole a mi madre una fuerte depresión. Como no estaba en sus mejores condiciones para cuidar de la bebé, yo le ayudaba lo que más podía, desarrollando así una relación casi maternal. Hoy en día nos seguimos adorando, aunque yo, cada tanto, me tengo que recordar que ¡no soy su mamá!

También me visitaban familiares y vecinos, y dos personas que eran para mí pura vitamina: Sonier, mi mejor amiga del colegio, y el padre Raili, de la parroquia Nuestra Señora de Regla, quien lideró una cadena de oración que unía diariamente, a las tres de la tarde, a la comunidad de Tovar bajo el rezo de la Coronilla de la Divina Misericordia. El sentido de comunidad que había en nuestro pueblo me parecía bastante normal, siempre unidos para sacar adelante proyectos o para ayudar a quien lo necesitara; sin embargo, la cadena de oración que hicieron por mí me hizo pensar en las formas como se manifiesta Dios: cada una de esas personas que oraba con toda su fe en mi favor, estaba dejando de hacerlo por sí misma. Había, además, un angelito que me visitaba diariamente y me llevaba las más deliciosas comidas. Mi tía abuela Edicta vivía en Mérida y todas las mañanas llegaba al hospital para relevar a mi papá, quien se iba para su casa a recuperarse de la larga jornada nocturna; no me canso de repetirlo: ¡ese viejo es todo! En la casa de la tía habían vivido mis padres recién casados, cuando no tenían ni un centavo, y a ese pequeño cuartico llegué yo a los pocos días de nacida. De hecho, mi nombre iba a ser Alexandra, pero me pusieron Eddy, la primera parte de su nombre, en agradecimiento a ese ser que ha sido luz incondicional en nuestras vidas.

A pesar de las buenas compañías y de las noticias médicas que auguraban una satisfactoria recuperación, mi mente volvía cada tanto al modo quinceañero; me quejaba y dejaba que se apoderara de mí la frustración: ¿por qué ocurrió esto?, ¿qué hice, Dios mío, para merecerlo?, ¿es este realmente tu plan, Señor? Mi fe, por grande que fuera, no era infalible, la de nadie lo es. Cuestionaba, sí, pero también me esforzaba por recordar lo que tanto me habían repetido mis padres: no solo hay que creer en Dios, hay que creerle a Dios. Su manera de responderme no era con palabras, era con hechos, en este caso, lo que veía a mi alrededor. En la hospitalización compartía cuarto con una niña menor que yo. Tenía siete años y estaba internada por una inflamación de los tejidos del riñón conocida como nefritis. Debido a su condición no podía comer casi nada y, por su edad, a veces era difícil que lo entendiera. Yo, en cambio, no solo podía comer lo que quería, sino que mi tía Edicta complacía todos mis antojos. Sus opciones de mejora eran más limitadas que las mías. Si sus órganos no respondían al tratamiento clínico debían hacerle un trasplante, es decir que recuperarse no dependía de ella misma. Yo, por fortuna, podía hacer mucho más por mí. Fue en ese momento cuando empecé a mentalizarme: mi diagnóstico no sería mi destino.

Regresé a Tovar en silla de ruedas y con apenas un poco de movilidad en los dedos de los pies. Allí debía continuar mi recuperación con fisioterapia, mucha, muchísima fisioterapia para recordarles a los músculos lo que en cuarenta días habían dejado de hacer. Recuerdo con especial cariño a Mayelin, una médica de las misiones cubanas que por entonces trabajaban en Venezuela; era mi *cheerleader*[3] personal. "Mama, tú puedes, mama", me repetía cada día. Además del proceso físico, debía retomar mis estudios de bachillerato; me faltaba muy poco para graduarme, aunque mi sueño de estudiar medicina ya no era tan claro. ¡Una médica en silla de ruedas, qué ironía! Pensé que me volvería a adaptar fácilmente

---

3 Animadora, porrista.

al colegio; siempre había sido muy estudiosa, la típica *nerd*, amiga de las monjas. De hecho, tenía pocas amigas; a mis compañeras de clase las consideraba eso: compañeras. Mi única amistad verdadera era Sonier, un año menor que yo, y a quien había conocido en la iglesia. Hasta el día de hoy seguimos siendo "uña y mugre"[4], la distancia nunca ha sido un obstáculo para nosotras; nuestro nexo no conoce de kilómetros, y hoy soy la orgullosa madrina de Mía, su hija.

Sin embargo, volver al colegio no fue tan sencillo. Mi salón de clase estaba en el segundo piso y no había rampas para poder subir en la silla de ruedas. Tampoco había personas disponibles para estar subiéndome y bajándome con todo y silla. Para rematar, muchas de las alumnas de mi clase se oponían a cambiar de aula. Aunque en ese entonces me parecía increíble su falta de empatía, hoy entiendo que cada persona es sensible a cosas distintas; no a todos nos conmueven las realidades ajenas, por dolorosas que sean, de la misma manera.

---

4   Expresión coloquial para referirse a dos personas que son inseparables.

Por esos días hasta bullying me hicieron: Eddy, **"la mascota de las monjas"**, pasó a ser **"la paralítica"**.

Ese nombre, por supuesto, me dolía.

Ahora, al enfrentar situaciones como esas, con mucho más callo y seguridad en mí misma, pienso en la compasión y le pido a Dios que me preste sus ojos un ratito. Como dice esa bonita frase que circula en las redes: "Cada persona que ves está luchando una batalla de la que tú no sabes nada. Sé amable siempre".

El colegio, finalmente, lo terminé a distancia. Pero no lo logré sola. Por mucha determinación que se tenga para lograr objetivos, siempre hay alguien detrás. Yo tenía a Dios, a mi familia, a Sonier, a Darwin, y a profesores como la hermana Dolores, que en su clase de orientación **nos enseñó que la palabra "estudios" tenía un significado alternativo muy especial: es – tu – Dios.** Con esto se refería a que a Dios lo encontrábamos en lo que aprendíamos, en lo que descubríamos gracias a los libros y a los maestros, y, sobre todo, en el esfuerzo que poníamos.

Hay un rasgo importante de la adolescencia que aún no he mencionado, quizás porque al escribir esto, doce años después de la primera parálisis, apenas empiezo a comprender: la relación que tenía con el cuerpo. A mis quince años, en plena etapa de desarrollo, de hormonas en ebullición, y en un país como Venezuela, que al igual que la mayoría de los de Latinoamérica, **privilegia ciertos patrones de belleza, me sentía fea, inadecuada, pasada de peso.** Y sí, podría decir que en ese entonces era gordita, especialmente si el estándar con el que me comparaba era el de los medios de comunicación, pero ese cuerpo que me avergonzaba y al que había tratado de cambiar de tantas maneras, muchas incluso peligrosas, había funcionado perfectamente hasta el viernes, 25 de enero de 2013. De esto nunca me había hecho consciente y, claro, jamás lo había agradecido.

Y es que nuestros cuerpos no son meros vehículos, son el reflejo de nuestro bienestar interior, de la armonía de nuestra alma y la estabilidad de nuestra mente. El mío, al sentir el enorme dolor por la inesperada muerte de Darwin, mi mejor amigo, volvió a paralizarse apenas dos meses después de haber salido del hospital.

EJERCICIO 1
YO TAMBIÉN FUI CAPAZ

Has llegado al final del primer capítulo y quizás, durante su lectura, pensaste en qué habrías hecho, o cómo habrías reaccionado, si hubieras sido tú el que hubiese amanecido con la mitad del cuerpo paralizado. Es normal que ante los acontecimientos que nos narran otros pensemos en nosotros mismos, especialmente cuando se trata de hechos trágicos o, por lo menos, retadores. Nos generan admiración los protagonistas de esas historias, pero de inmediato cuestionamos nuestras capacidades, dudamos si también nosotros hubiéramos podido sobreponernos.

Una parálisis producto del SGB no es la única prueba que demuestra la valentía de alguien, su capacidad de resiliencia o la fortaleza de su fe hacia un ser superior. Estoy segura de que cada uno de ustedes ha tenido *su prueba*, o *sus pruebas*, pues la vida, si bien maravillosa, es eso, un proceso de evolución. Desafortunadamente, no solemos darnos el crédito suficiente, la palmadita en la espalda, no somos nuestros propios *cheerleaders*, y, cuando la falta de reconocimiento es sistemática, disminuye no solo nuestra autoestima, sino que afecta nuestras relaciones personales, ya que los demás nos dan el valor que nos damos nosotros mismos.

Te invito a reconocer tu valentía. Piensa en tres de los momentos más difíciles de tu vida.

Descríbelos brevemente:

1. _______________________________________

____

____

____

____

2. _______________________________________

____

____

____

____

3. _______________________________________

____

____

____

¿Cuál de ellos consideras fue el más significativo por la manera como lo afrontaste y qué hiciste para salir adelante?

Exalta tu actitud, fortaleza y determinación:

Me felicito por ___________________

____

____

____

____

____

____

____

____

____

____

____

____

____

____

____

____

¡Ahora lee tus respuestas en voz alta!
¡Escúchate narrando tu propia historia de éxito!

RECUERDA:

- 💙 La vida nunca se equivoca.

- 💙 Siempre encuentra la manera de poner frente a nosotros lo que necesitamos, **aunque de inmediato no podamos comprenderlo.**

- 💙 Personas y circunstancias retadoras aparecen en nuestro camino justo a tiempo, **cuando estamos listos para recibirlas.**

- 💙 Abrir nuestra mente y corazón permite que cada experiencia se convierta en una bendición, **y cada persona en un maestro.**

¿Estás listo para recibir lo que la vida quiere enseñarte?

CAPÍTULO 2
EL PODER DE **LAS PREGUNTAS**

Además de Sonier, la vida me había premiado con otra gran amistad:

la de Darwin Márquez, un jovencito de ojos claros, BASTANTE SERIO Y BASTANTE BONITO.

Era un echado pa´ lante, comerciante desde chiquito y sin pretensiones de estudios universitarios. Nunca hablaba del futuro, se ocupaba exclusivamente del presente, es decir, su trabajo, su moto, sus perros y sus chicas. ¡Era tremendo! Hacía parte de un grupo de amigos que se había formado en el vecindario de forma espontánea. Uno era el primo de aquella, el otro era el novio de esta, y así. Un combo chévere que apenas empezaba a experimentar la vida.

Mi vínculo con Darwin, hasta una semana antes de su muerte, era exclusivamente amistoso. Yo sabía cómo era él en cuestión de mujeres, y él sabía que yo sabía. De hecho, me contaba sus aventuras y desventuras sin vergüenza alguna, y yo así lo aceptaba y quería. Nuestra amistad era realmente genuina, no nos juzgábamos, no tratábamos de cambiarnos y no pretendíamos ser alguien que no fuéramos para agradarle más al otro; éramos Darwin y Eddy sin filtros. Éramos, además, incondicionales; siempre estábamos para el otro, sin tener que decir palabra alguna.

Una tarde de finales de marzo, recién salida de la hospitalización, llegó Darwin a mi casa y, como era costumbre, volvió a repetirme que aquel novio que tenía en esa época no me convenía. Él, al igual que mi mamá, era consciente de lo tóxica que era mi relación y trataba de abrirme un poco los ojos, pero mi ceguera aún no había llegado a su límite. "Eddy, yo contigo sí cambiaría", afirmó de pronto, y yo no pude contener mi ataque de risa. "Bueno, no me creas. Pero que por lo menos sepas que siempre voy a estar contigo". Sus palabras se tornaron más trascendentales, me dijo que si algo llegaba a pasarle que estuviera pendiente de su mamá y su hermana. Me aseguró que yo volvería a caminar, reiterando, nuevamente, que nunca me abandonaría. ¡Tú estás loco, Darwin. ¡Qué cosas las que dices! Para rematar ese extraño jueves, me robó un beso al despedirse. Mi respuesta fue contundente: ¡Atrevido!

Al día siguiente me mandó un mensaje de texto contándome que se iba a pasear en la moto; le recordé que era Viernes Santo, un día de recogimiento, de quedarse en casa tranquilo. No me respondió nada, sobre asuntos religiosos pensábamos muy distinto. Más tarde le escribí, invitándolo a comer dulce de papaya, su favorito. "Voy saliendo con los muchachos. Más tarde te visito". Darwin no regresó por el postre. Chocó contra un camión, tenía dieciocho años. A veces creo, por lo dicho el día anterior, que intuía el fin de su vida. El beso robado no había sido atrevimiento, sino una despedida.

Me enteré del accidente porque en el transcurso de la tarde varios amigos empezaron a cambiar los estados en sus perfiles del celular; decían "QEPD, amigo". Aunque no mencionaban el nombre de Darwin, algo en mi interior lo intuía, y mi temor se iba confirmando cada que le escribía a un amigo. Ninguno me respondía. No lo hacían porque sabían que él era mi amigo más querido. Además, porque temían lo que esta noticia podía causarme. Y sí, apenas pude confirmarlo, entré en shock. Mi mamá recuerda que daba gritos, alaridos; mis lágrimas y mi voz eran el único medio de expresar el dolor de un corazón absolutamente partido. Al llegar al hospital, acompañada por mis papás, fui recibida como una viuda. Hasta Norma, su madre, salió a recibirme. "Él te quería mucho, Eddy. Siempre que llegaba de tu casa me reportaba tus progresos. -Ya mueve los deditos-, me contó muy orgulloso una noche. También me aseguró que serías capaz de pararte de la silla". ¡Tenías razón, como siempre, amigo!

EL DOLOR POR LA MUERTE DE DARWIN ME LLEVÓ A **HABLARLE CON DUREZA A DIOS.**

¿POR QUÉ ÉL Y NO YO?
¿POR QUÉ ÉL, TAN JOVEN,
TAN SANITO?

Por supuesto, en ese momento no obtuve ninguna respuesta. Poco a poco empezaba a comprender que no necesitamos entender los planes de Dios, lo que necesitamos es vivirlos. Con el tiempo, que además de su poder curativo, suele entregarnos luz y perspectiva, he podido resignificar la partida de Darwin; ese muchachito me dejó dos lecciones claritas. La primera en relación con la amistad y sus diferentes tipos. Aunque nunca fui muy amiguera, en la adolescencia solía creer que la amistad era sinónimo de intensidad; cada que conocía a alguna niña de mi edad trataba de pasar con ella el mayor tiempo posible, independiente de qué tan bien la pasáramos o, incluso, de cómo me sintiera en su compañía. Hoy entiendo que ese es un comportamiento típico de la adolescencia; le tenemos miedo a la soledad, a no ser aceptados ni queridos, por eso privilegiamos la cantidad por encima de la calidad.

Esto no quiere decir que todas las amistades deban ser trascendentales ni durar toda la vida. Permitirnos tener amigos para pasar buenos ratos está bien, las amistades de circunstancia también nos aportan alegría. Lo importante es saber que para eso están ahí, para disfrutarlas en el presente sin que haya mucho compromiso. No les tenemos que exigir nada más, no les tenemos que entregar nada más.

Son amistades cíclicas, como llegan se van, y si fueron buenas, las recordamos ligeras y agradables como el soplo de la brisa. También establecemos vínculos temporales con personas con las que cruzamos caminos por asuntos puntuales, generalmente difíciles; personas en las que nos apoyamos para atravesar tormentas, ángeles enviados por Dios cuando le pedíamos que nos diera una señal o, más bien, una manito. A ellos, aunque con los años quizás olvidemos sus nombres, siempre los recordamos con enorme gratitud y sabemos que cuando sean ellos quienes necesiten ayuda, esta les llegará a través de la cadena de favores a la que sumaron. Aunque suene muy drástico, creo firmemente en lo dicho por la Madre Teresa de Calcuta: "el que no vive para servir, no sirve para vivir". En mi vida he sido bendecida con la presencia de estas personas que dan un poco de ellas sin esperar nada a cambio, convencidas de que un granito de arena sí alivia una tonelada de la carga ajena.

Finalmente, están las Sonier y los Darwin, las rocas inamovibles; el tipo de amigos a los que consideramos hermanos elegidos. Son aquellos que conocen nuestro rostro mejor que nosotros mismos; por eso, con ellos, pocas palabras se necesitan. La fortaleza de esos vínculos no está determinada por la constancia de la comunicación ni de la presencia física. Son amistades sin fronteras, sin husos horarios, sin fechas, sin calendarios. Son las amistades de la aceptación total y de la incondicionalidad irrestricta; son aquellas en las que los pálpitos del corazón nos comunican que alguien nos necesita.

La segunda lección que me dejó Darwin podría decirse que es una extensión de la primera, pues las relaciones románticas exitosas son aquellas que se fundan en los mismos principios que las amistades verdaderas: de nuevo, aceptación total e incondicionalidad irrestricta. Aparte del beso robado, siempre fuimos, en mayúsculas, AMIGOS. De hecho, yo tenía a ese novio que ni él ni mi mamá querían. La relación con el susodicho, a quien llamaremos S (¡ese!) era todo lo contrario a lo que tenía con Darwin. En Darwin podía confiar; sabía, incluso sin saber que luego sería desde el cielo, que para mí siempre estaría disponible. Con S ni me atrevía a hacer planes, de la nada desaparecía. Darwin no quería cambiar nada de mí; ni de mi aspecto físico y mucho menos de mi forma de ser. Me aceptaba más gordita, amiga de las monjas y apegada a mi fe. S no hacía comentarios acerca de mi físico, pero era abiertamente mujeriego, de hecho, me pedía que así lo aceptara y lo compartiera con las demás chicas. Su petición, además de hacerme cuestionar mis principios, ponía a prueba mi seguridad y mi valía. Entonces, aunque él no me pidiera cambios concretos, yo misma me los imponía: si lograba mi mejor versión física sería **LA** exclusiva.

En ese entonces no comprendía que la plenitud, alegría y seguridad que sentía en compañía de Darwin era lo que también debía sentir con S. La ironía aumenta teniendo en cuenta que la relación de mis padres era justamente como la que tenía con mi mejor amigo: dos personas muy distintas conviviendo y queriéndose en absoluta armonía. Mi papá, un hombre paciente, poco efusivo pero gran escuchador, con gran capacidad de resiliencia y abnegación; siempre dispuesto a renunciar a sus deseos o intereses en beneficio de los demás. Mi mamá, por el contrario, habladora, a todo volumen y sin filtro alguno. Determinada como la más; tanto que, casada y con tres hijos, decidió formarse en educación, el sueño que había pospuesto mientras sacaba adelante a su familia. Pero no bastaron Darwin ni Roque y Amelia. Estuve en una relación tóxica con S por más de cinco años. Un quinquenio tenía que durar mi aprendizaje, ni más ni menos.

Aunque a veces olvidemos que somos un todo, alguna parte de nuestro cuerpo encuentra la manera de recordárnoslo. En mi caso, un mes y medio después de la muerte de Darwin, perdí la poca fuerza que habían ganado mis piernas desde que inicié la recuperación. Acababa de salir de la terapia y me disponía a subir al carro con la ayuda de mi papá. Este procedimiento ya lo teníamos dominado: yo tomaba la agarradera interior del auto, la que está casi en el techo, aliviando un poco la fuerza que él debía hacer para sacarme de la silla de ruedas, y así me sentaba con más facilidad. Ese día no pude ayudarle. La ausencia de fuerza era proporcional al dolor que sentía mi corazón, total. Mi padre, al igual que en la mañana de la primera parálisis, se molestó. Su voz, más que impaciencia, evidenciaba genuina molestia. "Eddy, ayúdame, ayúdate". Papá, de verdad, no puedo. No siento las piernas, le dije, repitiendo las mismas palabras pronunciadas el 25 de enero.

A pesar de la frustración, tras la cual se escondía el más grande de los miedos, mi papá decidió que arrancáramos de inmediato para Mérida. En el hospital nos estaban esperando, pues ya habíamos avisado que íbamos en camino. "Mejor prevenir que lamentar", repetía mi padre durante el trayecto. Luego de una exhaustiva valoración los médicos concluyeron que se trataba de una recurrencia del síndrome. El Guillain-Barré había vuelto. Los doctores estaban muy sorprendidos, pues la recurrencia es poco usual, de hecho, menos del cinco por ciento de los pacientes vuelven a desarrollar síntomas. Para completar el panorama, la parálisis se había extendido sustancialmente: a las piernas inmóviles se habían sumado el torso y la cabeza. El resultado, una muñeca de trapo a escala humana.

La rareza y la magnitud del retroceso llevaron a los médicos a involucrar a otro tipo de profesionales de la salud para determinar si la recaída estaba asociada a un asunto mental. Así fue como iniciaron las charlas con el psicólogo del hospital, quien pronto entendió que podía haber una conexión entre el profundo dolor que me causó la muerte de Darwin y la recaída. En las charlas también percibió que yo tenía otras penas guardadas, de las que nunca había hablado con nadie por no preocupar ni incomodar. Una de ellas había sido el bullying sufrido en el colegio, tanto antes como después del primer episodio del SGB.

Aunque nunca se pudo comprobar si mis tristezas paralizaron nuevamente mi cuerpo, el acercamiento, por primera vez, a **la terapia psicológica, sí sembró en mí una semilla de enorme valor:** entender que las cargas compartidas *Pesan menos.*

Todo aquello que tu cuerpo se guarda, sin antes haber sido aceptado, comprendido y sanado, encuentra la manera de manifestarse, así creas que lo has enterrado en lo más profundo de tu ser. Por eso, hablar con otros, idealmente personas con formación profesional en el campo de la salud mental, es tan necesario; ellas tienen las herramientas para llevarnos a la raíz del dolor y así poder dar pasos hacia adelante y evolucionar.

Además de aprender que ponerle barreras al dolor no le resta poder, sino que lo potencia, los cuarenta días de la hospitalización me trajeron regalos adicionales. El primero fue un cambio de perspectiva en relación con lo que me había ocurrido. Mi padre, a quien nunca le dejaré de estar inmensamente agradecida, me entregó un libro que, sin exagerar ni una pizca, cambió mi vida: ¿Por qué a mí?, de la autora norteamericana Robin Norwood. El texto es una guía de preguntas difíciles que nos reta a comprender nuestras reacciones ante la adversidad, transformando una visión en principio victimista a una de empoderamiento hacia la acción. Desde la primera lectura empecé a comprender que en la calidad de mis preguntas estaría la calidad de mis respuestas; preguntarle a Dios por qué a mí no tenía mucho sentido, más bien debía preguntarle, y preguntarme, ¿para qué a mí? Cambiar una sola palabra de la pregunta implicaba, de entrada, una posibilidad, un futuro... quizás mi destino.

Con las gafas de la señora Norwood releo la aparición del psicólogo del hospital y agradezco la llegada de la terapia a mi vida. Ya no sufro en silencio. Ahora afronto lo que me ha ocurrido, acepto mi responsabilidad en muchas de mis experiencias e intento romper ciclos. Con sus gafas también aumentaron mi fe, gratitud y empatía. En esta oportunidad compartí habitación con cinco personas más, cinco historias de dolor, cinco cruces distintas. De nuevo, pude reconsiderar mis dolencias y mis angustias en los espejos vecinos. Yo estaba paralizada, el hombre de la cama contigua tenía una enfermedad terminal. Yo estaba muy joven para vivir esto, mi vecina nunca recibía visitas. Este síndrome no es un castigo, me repetía aquellas noches en las que ponía en duda mi recuperación, aceptando que la incertidumbre es una emoción ineludible. Para controlar mis miedos, recurría al mejor antídoto: rezar. Padre nuestro que estás en los cielos, no lo sé todo, pero tú sí, y eso basta. Qué alivio, no estaba sola. Dios me sostenía.

Otra de las grandes lecciones que me dejaron las primeras hospitalizaciones *(spoiler alert… vienen más)* es que apoyarnos en los demás no solo es necesario, sino también valioso. En 1624 el poeta inglés John Donne pronunció un sermón en el que aseguró que "ningún hombre es una isla"; en 2013 empecé a comprobarlo por mí misma. Hasta entonces era una adolescente bastante independiente. Mis padres me habían enseñado desde pequeña el valor del dinero, de salir adelante trabajando, consiguiendo lo que en esta vida no nos había llegado por obra y gracia de una herencia o una lotería. Mis primeros emprendimientos incluyeron venta de pulseras y collares, postres de limón y brownies. Recuerdo que compré mi primer celular, un BlackBerry, sí el del PIN, con los ahorros recogidos.

Sin embargo, desde el primer día de la parálisis tuve que dejarme ayudar en todo, hasta en las acciones más íntimas. El reto de confiar en otros empezaba muy temprano, cuando me desprendía de mi pudor para ser aseada por alguien más. Hablar era lo único que podía hacer sola, y las palabras que salían de mi boca eran, precisamente, para pedir ayuda y luego agradecerle a quien me la brindaba. Fue así como a los quince años empecé a enterrar una parte de mi ego, y digo una parte porque ese señor es bien impositivo.

EJERCICIO 2
MAESTROS EN EL CAMINO

Piensa en dos personas a quienes consideres tus principales maestros de vida. **Pueden ser cercanas, o también "estrellas invitadas" para un solo capítulo.**

¿Qué te enseñó cada uno?

Si aún no les has dado las gracias, o si quieres reiterar tu gratitud, ¿qué les dirías?

RECUERDA:

♥ Las dificultades no llegan para destruirte, llegan para formarte.

♥ Cada reto que enfrentas te está preparando para un destino más grande del que imaginas.

♥ No preguntes "¿por qué a mí?", pregunta "¿para qué a mí?".

♥ Luchas, caídas y lágrimas abonan el terreno que permite surgir una versión más fuerte, sabia e imparable de nosotros mismos.

Lo extraordinario emerge de lo que hoy parece imposible.

CAPÍTULO 3
TROPEZAR **IN ENGLISH**

Como parte de mi segunda recuperación empecé a arreglarles las uñas a las amigas que me visitaban en el hospital.

Se trataba de una doble terapia, pues a la par que recuperaba mi motricidad, SE RECOMPONÍA MI ESPÍRITU.

Seguí perfeccionando este oficio de regreso a Tovar, convirtiéndolo en mi nuevo emprendimiento. Así empezaban a acumularse los ahorritos. Terminé ese acontecido 2013 caminando con la ayuda de un bastón. También concluyeron mis estudios escolares y en 2014 me mudé a Mérida donde inicié un curso preparatorio para un posible ingreso a la carrera de medicina.

Hice muchísimas manicuras; tantas que, cuando, mi amiga Germania me propuso irnos de paseo a Nueva York, acepté de inmediato, ¡mis bolsillos lo consentían! O por lo menos eso creía. Les conté a mis padres, se pusieron tan felices que hasta dólares me regalaron; sabían que conocer la capital del mundo era mi sueño y pensaban que esa era la recompensa perfecta después de lo vivido.

En mayo de 2015 llegamos a Nueva York, donde nos recibió la tía de Germania. De nuestra primera salida a turistear llegué con dolor de cuello, no dejaba de mirar hacia los lados y hacia arriba. La imponencia de sus edificios, el ritmo frenético de las personas, cada una tan sí misma, todas libres y distintas. Las luces de colores, los olores, los sonidos. Nueva York era la inmensidad, más para alguien como yo que vivía en un pueblo pequeñito. Recorriendo sus calles me contagiaba de energía, nada me recordaba el pasado, ¿quién era Eddy la paralítica? Esa no era yo. En mi interior iba creciendo la idea de una posible Eddy neoyorkina.

Un par de recorridos más por esas calles, tan aceleradas como yo, bastaron para tomar la decisión de quedarme; decidí, también, que no era menor de edad, sino que tenía dieciocho años menos seis meses. Llamé a mis padres para contarles el nuevo plan. "Está bien, hija, pero recuerda que lo que se empieza, se termina". Su confianza en mí provenía, por un lado, de la confianza en sí mismos, es decir, de la hija que habían criado, de los valores que me habían transmitido. Por otro lado, reconocían que todo lo que me había propuesto hasta entonces lo había logrado, por lo que esta vez no sería distinto. Además, no tenía nada que perder; en Venezuela la situación sociopolítica era cada vez más difícil. Yo aún no había iniciado estudios superiores, no tenía un trabajo estable, ¡ni novio tenía! Bueno, estaba S, con quien todavía iba y venía.

El panorama era el siguiente: quinientos dólares en el bolsillo y, del English, just a little. El único trabajo al que podía aspirar era haciendo manicuras y pedicuras, pues no requería mucha conversación, aunque es bien sabido cómo nos comportamos en los salones de belleza las latinas. ¡Charla para acá, chisme para allá! La búsqueda de trabajo no duró mucho tiempo, pronto encontré mi oportunidad en una peluquería en Yonkers, un suburbio ubicado en la parte norte de la ciudad, donde vivía la tía de Germania, quien muy amable me permitió quedarme un par de semanas más en su casa, mientras conseguía un poco de estabilidad laboral. Allí entablé amistad con una de mis compañeras, Magi, una estilista colombiana que vivía cerca del salón con su pequeña hija. Además de ofrecerme en arriendo la segunda habitación de su casa, me acogió como si fuéramos familia. Íbamos juntas al mercado, compartíamos a la hora de la cena y cuando ella tenía algo que hacer yo me quedaba jugando con Juliana, quien me recordaba a Nathy, mi hermanita. ¡Los ángeles de Dios en nuestro camino!

Fueron días de arduo trabajo y de poco gasto. Mis excursiones a la ciudad se limitaban a caminatas por Central Park y Times Square, la calma y la adrenalina. Todo el dinero que ganaba lo ahorraba, pues mi ADN emprendedor ya tenía pensada la siguiente movida: Eddy´s Kids, un negocio de ropa infantil importada. Aprovecharía la temporada de promociones para hacer las compras y luego las mandaría a Venezuela. A pesar de estar prosperando, pensaba que mi estadía en los Estados Unidos no sería definitiva, me hacía falta mi familia, y aquella característica neoyorkina que tanto me había atraído en principio empezaba a mostrar su doble filo. El cada quien en su mundo era demasiado. El anonimato absoluto era liberador, aunque dolía.

Mi salud era buena en términos generales. Cojeaba un poco, pero no necesitaba ningún tipo de ayuda; caminaba mucho, mis piernas eran mi medio de transporte y el movimiento era fisioterapia gratuita. Sin embargo, la mala alimentación, basada en alimentos que venían en cajas y envoltorios de plástico, me tenía bastante redondita. Llegué a pesar más de ochenta kilos (ciento setenta y cinco libras).

Mientras le hacía la manicura, una clienta me contó que había renunciado a su trabajo de niñera interna, pues ahora tenía pareja y no quería pasar las noches en la casa de la familia. De inmediato, se me prendió el bombillo[1]: ¡Eddy babysitter[2]! Era un empleo bien remunerado, cuatrocientos veinticinco dólares semanales, y los gastos personales se reducían al mínimo. La familia en cuestión vivía en New Jersey, un estado vecino de Nueva York; más de dos horas se tomaba, entre tren y metro, el recorrido. Eran judíos y tenían cinco hijos, todos varones, el pequeño estaba recién nacido.

---

1   Expresión coloquial que significa tener una idea repentina, una solución a un problema o una comprensión súbita.

2   Niñera o nana.

Gracias a la recomendación de mi clienta me aceptaron como su nanny[3], una nanny todo incluido. Además de cuidar a los niños, le ayudaba a Gladys, la madre, con las tareas de la casa: cocinar, limpiar, lavar, arreglar. Ninguna novedad, lo mismo que hacía en Tovar. Como en todos los trabajos que he tenido, en ese también puse en práctica mi filosofía: hacer las cosas lo mejor posible, dejando una huella indeleble. Por donde sea que pase quiero que me recuerden como alguien que entregó todo de sí, incluido el corazón. Qué desperdicio una vida gobernada por la mediocridad.

A pesar de tener creencias religiosas distintas, admiraba la forma en que Gladys y su familia practicaban la fe, dándole especial importancia a la gratitud. Agradecían el comienzo de un nuevo día, los alimentos que consumían y hasta mi llegada a su hogar; al poco tiempo de estar con ellos, me convertí en una especie de hermana mayor, tanto así que la primera palabra de Adán, el menor de los hijos, fue ¡Eddy!

---

3   Sinónimo de babysitter, o sea niñera o nana.

Interrumpí mi trabajo para disfrutar de unas cortas vacaciones en Venezuela. La idea, además de descansar y visitar a los míos, era llevar mercancía para Eddy's Kids. Eso hice, y también un poco más. Me reencontré con S; aún no era inmune a su galantería ni a sus promesas vacías. Regresé a la casa de la familia judía y un par de semanas después me llevé la segunda gran sorpresa de mi vida, solo superada por la parálisis: estaba en embarazo. Fue Gladys quien insistió en que me hiciera una prueba; yo llevaba varios días quejándome de mareos, de un malestar que no pasaba a mayores, pero tampoco desaparecía. Seguí la sugerencia de mi jefa, que para entonces ya era mi amiga, y las rayitas indicaron positivo.

¿Positivo? ¿Estar en embarazo era positivo? Aunque mi sueño de toda la vida había sido, y sigue siendo, ser mamá, esta no era una buena noticia. **Tres argumentos bastaban para dar el veredicto:**

1. Tenía dieciocho años.

2. Vivía sola en los Estados Unidos.

3. Mi relación con S no era ni remotamente estable.

Ahora bien, lo inesperado de la novedad y su inconveniencia no le restaban ni una gota de realidad, y mucho menos me eximían de mi responsabilidad.

Después de confirmarle a Gladys su presentimiento, llamé a mis papás. Su respuesta, a pesar de todos los pesares, incluidos los preceptos del cristianismo, fue de apoyo absoluto y ni un solo juicio. Luego me prometí a mí misma, acariciando la invisible pancita, que la reacción de S no me afectaría; si el decidía no hacerse cargo, yo me quedaría en Estados Unidos y sacaría adelante a mi hijo. S tomó el anuncio con mucha naturalidad, con más naturalidad de la cuenta, su otra novia estaba en las mismas. ¿Increíble? No tanto, llamemos a esta parte de la historia "La típica novela latina". Hasta la mamá de S me llamó para decirme que podía contar con ella; la otra, en cambio, me llamó para maldecirme.

No tuve tiempo de procesar la posibilidad de un triángulo amoroso, ¡con niños incluidos!, ni la alcahuetería de mi pseudosuegra. Un par de días más tarde y con menos de un mes de gestación estaba en el hospital recibiendo una nueva noticia: había perdido el bebé. Esa mañana había transcurrido como cualquier otra, atendiendo el caos habitual de un hogar con cinco hijos; fui al baño y vi que mis pantis estaban manchados de sangre, me senté en el sanitario y salió mucha más. De inmediato supe que, en esa oportunidad, madre no sería. Durante la confirmación hospitalaria, la ginecóloga me dijo que había sido una pérdida esperada teniendo en cuenta el tamaño tan pequeño de mi endometrio; el embarazo, dijo ella, habría sido insostenible.

Lloré. Lloré mucho. Y aunque Gladys fue incondicional conmigo, sentía una soledad indescriptible. No sé si era porque en Estados Unidos no tenía a nadie de mi familia, o por lo menos una amiga tan cercana como Sonier, o porque la soledad era el resultado de un vacío, uno que me invadía en cuerpo y alma, el vacío que había dejado la semillita miniatura de mi hijo.

El dolor fue cesando y mi racionalidad, regresando. Las circunstancias de ese embarazo no eran adecuadas. Punto. No era el momento para ser la madre que quiero y puedo ser. Punto.

Me aferré a Dios, como siempre;
si esta era otra de sus pruebas no
me quedaba más que

MIRAR AL CIELO
DONDE ENCONTRARÍA,
POCO A POCO,
Destellos
de luz.

Mis padres me propusieron regresar a Venezuela, pero eran precisamente sus palabras, las que pronunciaban con tanta convicción, las que me detenían: lo que se empieza, se termina. A mi temporada americana le quedaban unos cuantos meses y otra de esas novedades que ni un guionista de Hollywood anticiparía.

Con Gladys y los suyos estuve un año y medio. Luego encontré otra oportunidad, en apariencia, más conveniente; pero, ¿qué dicen de las apariencias? Exacto. Mi engaño, a manera de justificación tardía, era prometedor: setecientos cincuenta dólares a la semana y atender solo tres niñas. Sin embargo, lo allí vivido no justificó ni medio centavo adicional. La relación con la señora de la casa fue compleja desde el principio. Era una mujer tosca, grosera conmigo y con sus hijas. Además, era adicta a las compras y, para rematar, muy desorganizada. En la casa había cosas tiradas por todas partes, encontrar algo era misión imposible. En una ocasión me acusó de ladrona, diciéndome que la mercancía que estaba guardando para Eddy's Kids la había comprado ella para sus niñas. Afortunadamente, yo llevaba registro de todas las compras y eso me permitió defenderme. De hecho, a Gladys le tocó intervenir para que yo pudiera salir de ese hogar que tanto prometía. Para rematar, mi "escape" se produjo justo cuando empezaba a transitar un cáncer en el ovario izquierdo. ¿Qué tal la novedad hollywoodense? Dejaré que recobren su aliento para el siguiente capítulo.

EJERCICIO 3
PERDONAR, EL PRIMER PASO PARA AVANZAR

Dios pone ángeles en un nuestro camino para que transitemos acompañados los momentos más difíciles; también nos enfrenta con otro tipo de personas a quienes, en principio, calificamos como inconvenientes, como "piedras en el zapato"[4]. Sin embargo, cruzarnos con ellas es necesario para obtener algún tipo de aprendizaje; el problema es que nos enfocamos en el mal que nos hicieron, dándoles cabida en nuestras mentes y corazones, convirtiéndolas en una carga pesada que solo nos produce malos sentimientos: rencor, odio, hasta deseos de venganza.

Nos negamos a dejar atrás lo ocurrido, actualizamos el dolor, nos envenenamos y perdemos nuestra libertad de acción. Pero esta condena es voluntaria, nadie nos la impuso; por lo tanto, tenemos el poder de acabar con el resentimiento a través del perdón.

---

4   Metáfora que hace referencia a un problema, obstáculo o molestia que incomoda y dificulta el avance o el bienestar de una persona.

Escríbele una carta a alguien que te haya herido:

Dile qué fue lo que hizo concretamente para causarte dolor:

____

____

____

____

____

____

Exprésale cómo te sentiste y qué sentimientos han persistido desde entonces:

____

____

____

____

____

Otórgale tu sincero perdón:

____

____

____

____

____

RECUERDA:

💙 Lo dijo San Pablo a los Corintios: "Cuando soy débil, entonces soy fuerte". Reconozco que no tengo las respuestas para explicar lo que me acontece.

Solo Dios las tiene.

💙 Acepto que hoy no puedo hacer nada para revertir mi realidad.

💙 Solo Dios puede actuar.

💙 Admito que no siempre se hará mi voluntad.

💙 Estoy a merced tuya, Dios mío.

💙 Me entrego a ti con total humildad.

Reconozco que hoy no puedo.

Pero mi fortaleza reside en esperar que extiendas tu mano, Padre Celestial.

CAPÍTULO 4
LA ÚNICA CONSTANTE ES **EL CAMBIO**

En julio de 2017, dos años y dos meses después de haber llegado a Nueva York, tuve una especie de déjà vu,

y digo especie porque en este caso no se trataba de la sensación de estar reviviendo algo, **sino que ese algo estaba ocurriendo otra vez.**

Había sido un día bastante típico en casa de madame desorden, excepto por las preguntas constantes de Gloria, la ecuatoriana que nos ayudaba con el aseo un par de veces a la semana. Apenas le abrí la puerta me dijo que me notaba rara, como enferma, "¿seguro estás bien?", me preguntaba cada media hora. Yo creía estar bien, quizás con más fatiga de lo normal, aunque no tanto como para dejar de cumplir con mis labores. Gloria insistía en que ella podía encargarse de todo y así yo podía descansar. No acepté su ofrecimiento, a cambio le prometí que la llamaría ante cualquier novedad. La novedad no tardó en llegar, lo hizo en forma de hemorragia. Mis pantis, nuevamente, estaban manchados de sangre y esta vez tenía la seguridad de que no podía ser un embarazo fallido.

Llegué a la clínica acompañada por Gloria, sintiendo unos dolores punzantes en la zona baja del abdomen, parecidos a los que producen los cólicos menstruales. Luego del examen de ingreso rutinario, me llevaron al área de ginecología donde me hicieron una resonancia cuyas imágenes mostraban una masa de nueve centímetros en el ovario izquierdo. La doctora ordenó de inmediato una biopsia para establecer si se trataba de un quiste o de un tumor canceroso, pues el tamaño era significativo y mi historial médico aún más. Traté de obtener información adicional. La prudencia de la doctora era extrema, ni una hipótesis podía aventurar. Se limitó a darme el alta mientras llegaban los resultados del laboratorio y me entregó una fórmula con medicamentos para el dolor. Por extraño que pueda sonar, mi regreso a casa no fue entre lágrimas ni sollozos, tampoco entre maldiciones ni expresiones histéricas. Por mi mente no pasaba la posibilidad de que fuera cáncer, ¿cómo iba a tener cáncer una joven de diecinueve años que ya había superado dos parálisis producto del síndrome de Guillain-Barré? El refrán dice que "Dios aprieta pero no ahorca", y eso era en lo único que yo debía creer. Preocuparme no serviría de nada, porque nada, absolutamente nada, podía, por el momento, hacer.

Procedí a avisarles a mis padres, era la tercera llamada inesperada que les hacía. Les recuerdo que en la primera les conté que me quedaba en Nueva York, en la segunda, que estaba en embarazo, y esta, teóricamente, era para avisarles de un posible cáncer, pero yo me limité a anunciarles que tenía un quiste sin ton ni son. Ellos también lo decretaron así, incluso mi mamá me recordó lo de mi pequeño endometrio, ¡cuya relación con el quiste solo existía en su cabeza!, aunque a mí pareció una gran explicación. Es más, al diagnóstico de Amelia le sumé mis irregulares periodos, los cuales no requerían el uso de toallas sanitarias convencionales por su poca cantidad. Era un hecho, era un quiste. Nadie lo podía negar. Un par de días después, era yo quien no lo podía negar. Ni a mí misma me podía engañar: la masa alojada en mi ovario izquierdo era un carcinoma seroso papilar atípico, el más común y frecuente de los cánceres de ovario.

DIOS MÍO, DIJE EN MEDIO DEL
DESASOSIEGO PRODUCIDO
POR LA NOTICIA,

RECUÉRDAME QUE
SOY CAPAZ DE TODO,

Recuérdame
que estás ahí.

Dios se manifestó a través de una llamada de Gladys, mi jefa anterior, quien siempre estaba pendiente de mí. Consciente de que mi situación laboral con madame desorden era muy regular y de que las quimioterapias estaban por comenzar, me ofreció regresar a su casa, no en calidad de niñera sino de paciente, de amiga, de alguien que justo en ese momento necesitaba calor de hogar.

Desde la primera quimioterapia dimensioné la magnitud de lo que me esperaba el siguiente mes y medio. Una vez a la semana mi cuerpo era sometido, durante más de cuatro horas, a una infusión intravenosa de medicamentos citotóxicos que, además de destruir las células cancerosas, acababan con mi apetito, provocaban vómitos interminables y generaban los dolores más extremos que he llegado a sentir. Ni siquiera sé si pueda catalogar como dolencia aquello que sentía; eran llamaradas que quemaban mis entrañas, haciéndome retorcer como si estuviera poseída. Pensándolo bien, eso es el cáncer, una especie de posesión maligna inmune, en mi caso, hasta la morfina.

El médico tratante me sugirió consumir marihuana medicinal con el doble propósito de disminuir los dolores y de abrir el apetito. ¿Qué, qué?, le pregunté desconcertada. ¿Marihuana? ¡Papá, auxilio! Como siempre, Súper Roque rescatista. "Hija, no hay problema, no te vas a volver adicta". Con la autorización de mi padre, que equivalía a la de Dios en esta materia, me decidí a hacerlo; el remedio no podía ser peor que la enfermedad. Eso sí, la primera vez que la consumí, utilizando un vapeador, lloré como si estuviera cometiendo el peor de los delitos. Me sirvió, no puedo negarlo; hasta el trayecto de regreso a la casa de Gladys se volvió más fácil, sin pérdidas súbitas de equilibrio. A las sesiones de quimioterapia tenía que ir sola, los pocos conocidos que tenía en Nueva York no podían faltar a sus trabajos durante medio día. Afortunadamente, las enfermeras eran muy amables, me prestaban frazadas para calmar los escalofríos y si tenían un poco de tiempo, conversaban conmigo durante un ratito.

Poco a poco se me fue cayendo el cabello. Sabía que iba a pasar, que volvería a crecer y, sobre todo, que perderlo no era nada si lo que ganaba eran años de vida. Sin embargo, me atrevo a decir que para casi nadie es fácil esta etapa del cáncer, mucho menos para una mujer. Al cabello se le ha dado importancia desde el principio de los tiempos, asociándolo con fortaleza y feminidad. Aceptémoslo, es sinónimo de belleza. Pese a ser uno de los atributos más superficiales, está en la superficie del cuerpo literalmente, no es cuestión de superficialidad que nos duela perderlo. ¿Acaso cómo nos sentimos en esos días afortunados de buen pelo? Poderosas, imparables, divas capaces de conquistarlo todo, de conquistarlos a todos. Pero su diva de confianza se pasaba la mano por la cabeza, quedándose con gajos de cabello entre los dedos. Decidí raparme, era mejor una calvicie total voluntaria, que esos huecos tristes producto de las toxinas.

Gloria me acompañó a la peluquería. Cambié de aspecto físico, y tal como había ocurrido con las manicuras, la visita al salón tuvo un efecto terapéutico, liberador. Me llevó a pensar que la vida tiene estaciones, como las climáticas; este no era más que un ciclo. Volvería la primavera, del suelo brotarían nuevamente las plantas, mi cabello regresaría, y yo florecería también.

Llegados a este punto, vale la pena mencionar que yo no tenía ningún tipo de seguro médico para cubrir el tratamiento. Sin embargo, en Estados Unidos, por ley, todas las personas deben ser atendidas por el sistema de salud, para luego, disculpen el humor negro, recuperarse y pagar los bills[1] durante el resto de sus saludables vidas; vidas, en plural, porque una sola no alcanza para cubrir los ceros de esas cuentas. De solo pensarlo me vuelven a dar escalofríos. Yo tuve que recurrir a iniciativas como GoFundMe[2], bingos, y aplicar a la ayuda de todas las fundaciones posibles. Aun así, estuve muy lejos de recoger el dinero que debía. Sinceramente, no sé qué habría sucedido si mi situación económica no se hubiera revertido y aunque sé que en ese momento no hice un clic consciente, quizás esa experiencia fue la semilla que años más tarde me llevó a incursionar en los seguros médicos.

Terminadas las sesiones de quimioterapia, me volvieron a hacer exámenes para determinar si el tumor se había reducido. ¡Sorpresa, no cedió ni medio centímetro! Y lo que es peor, estaba comprometiendo el colon. El ginecólogo, especialista en oncología, que me estaba tratando decretó, sin una pizca de tacto, que

---

1   Cuentas por pagar.

2   Es una plataforma estadounidense de financiación colectiva que permite recaudar fondos para todo tipo de eventos, como celebraciones y graduaciones, y circunstancias difíciles como accidentes y enfermedades.

me quedaban meses de vida. Yo lo miré fijamente y, absolutamente convencida de que no tenía la razón, lo interpelé: ¿Acaso tú eres Dios para decirme cuánto me queda de vida?

Salí de la clínica e hice lo de siempre, contarles a mis padres. Les di el diagnóstico del médico y les dije que me regresaba a Venezuela, donde cumpliría con la filosofía familiar: lo que se empieza, se termina. La quimioterapia era uno de los tratamientos posibles, no el único; yo estaba dispuesta a ensayarlos todos, pero prefería hacerle frente a la tormenta al lado de los míos. Su apoyo incondicional y la fe en Dios son los que me hacen sentir invencible.

Perder un segundo de tiempo, de vida, era inconcebible. Por poco y aterrizo directamente en el Centro Clínico de Mérida[3], donde me atendió otro ginecólogo, también especialista en oncología, quien, a diferencia de su colega americano, rebautizado el médico lento, dijo que sí había otra alternativa, la más drástica de

---

3   Centro Clínico Dr. Marcial Ríos Morillo.

todas: una histerectomía radical para extirpar el útero, el cuello uterino, ambos ovarios, ambas trompas de Falopio y el tejido cercano. "Y entrados en gastos", añadió el doctor rápido, "aprovecharemos para quitar un pedacito de colón". A todo sí, doctor, le respondí de inmediato, pero regáleme un día yo me lanzo en parapente. Pese a estar noventa y nueve por ciento convencida de que la cirugía sería exitosa y que gracias a ella mi vida, ¡a lo mejor sin más tropiezos!, continuaría, mi uno por ciento escéptico quería cumplir, solo por si acaso, un sueño que tenía desde niña: lanzarme al vacío.

Lo hice, ¡qué maravilla! Desde el cielo pude dimensionar la majestuosidad de la naturaleza, sus formas infinitas, cada color del sistema Pantone. Las montañas entre las que había transcurrido mi vida se veían inmensas, inquebrantables y, al mismo tiempo, acogedoras. Cambiar de perspectiva me permitió… cambiar de perspectiva: cuánta belleza a nuestro alrededor, y no solo física. Casi todo lo que nos rodea es bueno y vale la pena, desde el primer sorbo de café en las mañanas. Solo por esa experiencia cotidiana, mundana, absolutamente simple, vale la pena levantarse. ¡Quiero vivir mucho, mucho! ¡Dame más vida, Dios mío!, gritaba, o eso pensaba, mientras caía.

El salto fue, además, simbólico. Era la confirmación de **mi entrega al Padre Celestial, a su voluntad, y a las manos de los médicos que** Actuarían en su nombre.

La adrenalina producida por el vacío me liberó, fue la primera dosis de anestesia. Al día siguiente, acostada en la camilla, mientras mis ojos se cerraban, oré con toda mi fe: aquí, ahora, en el momento presente, amada, sostenida y protegida por Dios.

EJERCICIO 4
ACTIVAR LA GRATITUD

"La gratitud no es solo la más grande de las virtudes sino la madre de todas las demás", decía Cicerón.

Se trata de un sentimiento de aprecio por algo o alguien que promueve otros sentimientos positivos, generando un círculo virtuoso. Practicarla activamente nos permite reconocer lo bueno en nuestras vidas y ver que las fuentes de bondad están disponibles para nosotros. Algunos de sus beneficios son: reduce las emociones negativas, aumenta la felicidad y el optimismo, mejora la resiliencia, fortalece el sistema inmunológico, disminuye las hormonas del estrés, mejora el descanso, fortalece los lazos sociales, fomenta la amabilidad y agudiza la toma de decisiones.

Regresa al inicio de este día y haz una lista de veinte cosas (acciones, sucesos) que hayas hecho (o hayan ocurrido) desde que te levantaste; no importa qué tan cotidianas sean. Registra las comunes y las novedosas, y asócialas con alguna de estas sensaciones positivas.

- Alegría *(felicidad, humor)*.

- Gratitud *(apreciación)*.

- Amor *(fortalecimiento de lazos afectivos)*.

- Interés *(curiosidad, deseo de aprendizaje)*.

- Orgullo *(satisfacción)*.

- Inspiración *(motivación, deseo de crear o actuar)*.

- Serenidad *(calma, tranquilidad)*.

- Afecto *(cariño)*.

- Admiración *(respeto y aprecio por algo o alguien)*.

- Satisfacción *(plenitud)*.

- Ilusión *(esperanza, expectativa positiva)*.

- Asombro *(sorpresa, admiración ante algo inesperado)*.

Hoy ha sido un día maravilloso y tengo veinte maneras de probarlo:

1. ____

2. ____

3. ____

4. ____

5. ____

6. ____

7. ____

8. ____

9. ____

10. ____

11. ____

12. ____

13. ____

14. ____

15. ____

16. ____

17. ____

18. ____

19. ____

20. ____

RECUERDA:

♥ Lo que hoy vislumbras como el peor de los caos es realmente una oportunidad de ajuste.

♥ ¿Qué hay detrás del torbellino?

♥ ¿Qué se esconde tras la oscuridad?

♥ Mírate al espejo.

♥ Examina lo que está mal.

♥ Lo que no te permite alcanzar tu máximo potencial.

♥ Elige una, solo una acción, la primera que esté a tu alcance, la que nada ni nadie te impidan realizar.

♥ ¿No era imposible, cierto?

Has dado el primer paso.
Has descubierto otro caminar.

CAPÍTULO 5
SOLO POR HOY

Tras ocho horas de cirugía el equipo médico consideró que todo había salido bien.

Los órganos cancerígenos estaban fuera y, para mayor seguridad, **habían raspado los alrededores.**

Lo primero que llegó a mi mente apenas retomé un poco de consciencia fue la frase de mi padre, compartida por millones de adictos anónimos recuperados, "solo por hoy". Solo, por hoy, Eddy, vuelves a vivir, me dije, dándole las gracias al cielo y anticipándole a Dios que teníamos una conversación pendiente. Las pruebas vividas durante los últimos cuatro años ya no parecían hechos aislados. Algo tenía que haber tras ellas, ¡¿un propósito superior?! Quizás, quizás, quizás…

Pero no era el momento de entrevistarme con Dios; por el contrario, tenía la impresión que iba camino a encontrarme con el mismísimo Diablo. A medida que iba pasando la anestesia, de mi cuerpo se apoderaba un dolor indescriptible, más fuerte que el de la quimioterapia. Discúlpenme porque en el capítulo anterior les dije que esos dolores habían sido los peores. No, este era el verdadero suplicio. Sentía un hueco en todo el centro de mi cuerpo, del pecho a la parte más baja del abdomen; sentía el vacío dejado por mi sistema reproductor, un vacío con la temperatura del infierno. Mi cuerpo, ahora incompleto, ardía nuevamente en llamas. Y el dolor, al igual que unos meses atrás, tampoco cedía a la morfina. ¡Traigan marihuana!, ¡Traigan marihuana!, gritaba yo; sin embargo, en Venezuela, el cultivo, venta o posesión de cannabis con fines terapéuticos es ilegal. ¡Punto a favor de los Estados Unidos!

Después de tres días de hospitalización, me dieron el alta. Mientras me vestía, observé con atención mi abdomen hinchado y el vendaje que cubría la apertura por la que habían sacado mis órganos reproductores. Supuse que así también luciría una mujer a la que le hubieran practicado una cesárea, con la enorme diferencia de que a ella la habrían cortado para extraerle un bebé y yo nunca podría tener uno de esa manera. De hecho, yo nunca podría tener uno propio en el sentido pleno de la palabra. Un año antes había estado en embarazo, y aunque duró pocas semanas, mi cuerpo dio pruebas de ser creador de vida. Pensamientos y emociones empezaron a recorrer mi cabeza a toda velocidad. ¿Había perdido la posibilidad de ser madre? ¿Qué habría ocurrido si hubiera nacido el bebé? ¿Era este cáncer una consecuencia -aunque sin relación lógica- del embarazo fallido?

No, Eddy, no. Ninguna de las anteriores, le respondí a mi mente conspirativa. Y tampoco es un castigo, ni humano ni divino. Definitivamente a la loca de la casa, o sea a nuestra cabecita, hay que mantenerla a raya, sino sus desvaríos alcanzan la dimensión desconocida. Mi monólogo interior continuó: haber sido madre, producto de la relación con S, habría sido el caos; apenas había alcanzado la mayoría de edad, vivía sola en Estados Unidos, cuidaba cinco niños, contaba con pocos dólares en los bolsillos y el padre de la criatura tenía otro hijo en camino. Además, querida Eddy, ¿quién dijo que la única posibilidad de ser madre es a través de la gestación? ¿Qué tal… la adopción? Tu sueño de ser madre no termina aquí, lo que cambiará es la manera de llegar a serlo. No darás vida, pero le darás calidad de vida a un niño al que otras personas no pudieron dársela por múltiples y complicados motivos. A ese niño le cambiarás la suerte; serás su bendición y él o ella, la tuya. Por último, tú sabes que Dios, tu Dios, no es castigador, no es vengativo, no se regocija en el dolor ajeno. Por el contrario, es compasivo y bondadoso, un maestro que enseña a través del ejemplo de su hijo Jesucristo y, sobre todo, del amor. Después de cada dolor soportado, de cada obstáculo atravesado, has encontrado una bendición. Él no llega tarde, llega en el momento perfecto. Confía, confía una vez más. Solo por hoy. Godfidence, Eddy, confianza absoluta en Dios.

EN DIOS CONFIÉ.

Tres meses después volví al quirófano para una laparoscopia ambulatoria en la que **me tomaron algunas muestras para revisar que todo estuviera okey.**

Y estaba más que okey, ¡estaba cancer-free! Eso significaba que, por el momento, *no necesitaba Más tratamientos.*

Por esos días, recibí otra gran noticia: Sonier estaba en embarazo. Contrario a lo que podría haber pasado, no sentí tristeza ni melancolía. Tampoco sentí envidia de ella ni me compadecí de mí. Esta era una confirmación más de que la vida y la muerte son dos caras de la misma moneda, de que ambas coexisten para recordarnos que solo contamos con el presente. Por eso, lo que decidimos hacer cada día, desde que nos levantamos hasta que nos acostamos, es definitivo; solo Dios sabe si mañana habrá otra taza de café. Y ni qué decir de nuestras relaciones con los demás. ¿Para cuándo las demostraciones de afecto, las palabras de agradecimiento, los encuentros de verdad -no los insulsos mensajes del chat-? Así que compartí con Sonier su inmensa alegría. Ella, la otra hermana que me había regalado la vida, me daba una nueva oportunidad de expandir el corazón. A su pancita le susurré: aquí estoy, aquí estaré.

Recuperada pero económicamente quebrada llegó el momento de volver a la acción. Las posibilidades laborales en Venezuela eran escasas y todavía tenía cuentas médicas por pagar. Cristian, mi hermano, estaba en Nueva

York, así que la decisión era casi obvia: volver. En los Estados Unidos, desde que uno quiera trabajar, encuentra qué hacer. En un restaurante trabajé a seis manos. Dependiendo del turno era busser, es decir, la encargada de despejar las mesas y llevar los platos vacíos; barista, a cargo de la preparación del café; o host, la anfitriona. Mis días de descanso los aprovechaba en otro restaurante como busser. Fueron meses intensos, pero para eso estaba allá, para trabajar y levantar cabeza hasta que apareciera otra oportunidad.

Dicen las malas lenguas que es más fácil conseguir novio teniendo novio, y lo mismo aplica para el trabajo. Supongo que **Dios y el universo captan nuestra energía, perciben esa actitud imparable** y nos responden, a su manera, a la pregunta "¿qué hay para hacer?".

Aunque yo no tenía estudios superiores, mi hoja de vida era bastante nutrida a pesar de mi edad. Mi primer empleo había sido en Tovar, en El Rincón de los Bolsos, el negocio de mis papás. En el colegio vendí todo tipo de postres y bisutería. Luego llegaron las manicuras terapéuticas, el housekeeping[1], el babysitting[2] y la venta de ropa infantil.

El turno era ahora para el network marketing, también conocido como mercadeo multinivel, un modelo de negocio de venta directa en el que además de conseguir dinero por vender los productos o servicios de una empresa, se aumentan las ganancias al reclutar personas para que se unan como nuevos distribuidores. Esta oportunidad llegó gracias a mi hermano, quien sabía que yo era capaz de vender hasta un hueco. Sin embargo, en este caso lo que debía vender parecía más complicado, un curso de trading, o sea de compra y venta de productos financieros. Nunca había escuchado la palabra trading y el concepto "productos financieros" era igual de ajeno para mí.

---

1   Housekeeping: labores relacionadas con el aseo y mantenimiento general de un lugar. Es el trabajo que llevan a cabo las amas de llaves y las empleadas domésticas.

2   Babysitting: labores relacionadas con el cuidado de los niños. A las niñeras o nanas se les llama, en inglés, babysitters.

Mi conocimiento en temas económicos se limitaba al salario y a los tips[3].

"Bruta pero decidida", dice una frase muy popular por estos días. Esa fui yo en mi versión 2018. A este país había regresado no a ver qué podía pasar, sino a que las cosas pasaran; equivocarme no sería el fin, siempre habría restaurantes con platos por recoger o manicuras por hacer. Hice el curso de trading y para mí sorpresa aprendí con facilidad; era humilde con mi ignorancia, escuchaba a quienes sabían y me dejaba orientar. Me equivocaba y recalculaba, acertaba y me afianzaba. Empecé a darme cuenta de que el éxito no es el resultado de una gran decisión, sino de las pequeñas decisiones diarias, de la constancia en el actuar. La premisa era dar un paso adelante todos los días, pues los sueños sin acción no son más que ilusión. Este trabajo tenía la ventaja de que podía hacerse desde cualquier lugar, por lo que empecé a considerar mi regreso a Venezuela. Allí me rendiría mucho más el dinero y podría vivir nuevamente con mi familia, estar cerca de Sonier y de Mía, mi ahijada. En Nueva York no tenía más que conocidos y el trabajo virtual limitaba mis posibilidades de interactuar con otros seres humanos.

---

3   Propinas.

La dicha de volver a casa no duró mucho. En 2019 la constante en Venezuela eran los cortes de luz y ese sí era un impedimento para trabajar. La solución llegó gracias a Sandra, el ángel que me mandó Dios para ayudarme a consolidar profesionalmente. Y es que para entonces mi fuerte ya no eran las transacciones financieras, sino el reclutamiento de personas para los cursos. Mi voz empezaba a ser escuchada, mi historia de superación motivaba a quienes dudaban de sus propias capacidades y yo encontré una nueva confianza en mí: podía liderar desde el ejemplo, desde la convicción de que no hay imposibles. Sandra fue, precisamente, alguien que creyó en mí, o mejor, que creyó en sí misma por lo que vio en mí. Vivía en Cúcuta, Colombia, una ciudad fronteriza en la que residen más de doscientos mil venezolanos, y me ofreció un pequeño apartamento en alquiler. Me adapté con facilidad a la nueva ciudad, sí es verdad que somos pueblos hermanos, las coincidencias entre los modos de ser y vivir son miles.

En mi país de acogida me sorprendió la pandemia de COVID-19 y aunque soy consciente de que ese acontecimiento fue terrible, en todos los sentidos posibles, para miles de millones de personas en el mundo, en especial por las muertes que causó, para mí fue una gran oportunidad. El encierro me permitió concentrarme en los equipos que lideraba, en afianzar mi discurso motivacional y, sobre todo, en dimensionar el poder de los negocios digitales, aquellos que pueden operar desde cualquier lugar mientras cuenten con el equipo, la estructura y la motivación adecuada. Mis ingresos alcanzaron un promedio de cinco mil dólares mensuales, nada mal para alguien que llegó a Nueva York con quinientos en los bolsillos; por fin pude hacer frente a las culebras[4] médicas que aún me perseguían.

Colombia me dio a Kelly, otra de mis grandes amigas para la vida; ella fue roomie[5], paño de lágrimas y auténtica cheerleader. Nunca me dejó tirar la toalla y, al igual que mis papás, me repetía que lo que se empieza, se termina. Algo curioso de nuestra amistad es que teníamos personalidades opuestas, a lo mejor en eso radicaba nuestro equilibrio. La mejor manera de agradecerle su apoyo fue enseñándole, precisamente, sobre gratitud.

---

4   En Colombia utilizan el término culebra para referirse a deudas u obligaciones económicas pendientes.

5   Roomie, o roommate, es un anglicismo que se refiere a un compañero de piso o de habitación.

También le revelé el poder de hacer afirmaciones con convicción, manifestándole al universo lo que queremos alcanzar, e hice todo lo posible para que renunciará al terrible hábito de quejarse. Finalmente, en el país cafetero dejé de ser alumna para convertirme en maestra; principiante, eso sí, porque el aprendizaje nunca termina, no debe hacerlo. Allí fue donde decreté mi fórmula del aprendiz: priorizar la curiosidad, permitiendo que la exploración y el deseo de entender no caigan en las trampas de los juicios establecidos ni de las opiniones decretadas. Y actuar, actuar. Porque cada día sin acción es un día que le regalamos a la mediocridad. Me sentía plena en calidad de speaker[6] compartiendo mi historia de resiliencia; en cada charla liberaba tanta adrenalina que me parecía estar de nuevo en el parapente. En octubre de 2020 regresé a Estados Unidos para dar una charla en el programa de formación intensivo de la empresa de trading. Mi estadía sería de una semana, pero el amor, o algo parecido, se atravesó en mi camino.

---

6   Conferencista.

EJERCICIO 5
CADA DÍA CUENTA

Dice el refrán que "no dejemos para mañana lo que podemos hacer hoy".

En primer lugar, añado yo, por la naturaleza efímera del tiempo, que nos recuerda que el día que pasa no tiene cómo regresar. En segundo lugar, porque el "momento ideal" no existe. Más vale una acción imperfecta que una intención perfecta que nunca sale de la mente o de la planeación. Y, finalmente, porque no hay nada tan poderoso como un check. Sí, esa figurita que se parece al logo de la marca Nike, más conocido como el "Swoosh", que simboliza el ala de la diosa griega de la victoria, Niké, representante de la velocidad, el movimiento, el poder y la motivación.

Piensa en algo sencillo que hayas querido hacer, dejar de hacer, lograr u obtener y que sea absolutamente realizable sin necesidad de grandes inversiones temporales o monetarias. Un pendiente que puedas empezar a realizar incluso hoy mismo y repetir durante los siguientes 21 días para que alcance el potencial de convertirse en un hábito. Te doy algunos ejemplos: contactar a través de llamada o mensaje a un ser querido, hacer una meditación al inicio del día, hacer una oración de gratitud antes de acostarte, consumir una fruta, dejar de consumir algo que le haga mal a tu cuerpo, sacar a pasear a tu mascota sin llevar el celular.

A partir de hoy: _______________________________

____

____

Dale check a cada día en que te hayas cumplido.

Día 01 ◯   Día 08 ◯   Día 15 ◯
Día 02 ◯   Día 09 ◯   Día 16 ◯
Día 03 ◯   Día 10 ◯   Día 17 ◯
Día 04 ◯   Día 11 ◯   Día 18 ◯
Día 05 ◯   Día 12 ◯   Día 19 ◯
Día 06 ◯   Día 13 ◯   Día 20 ◯
Día 07 ◯   Día 14 ◯   Día 21 ◯

¡El camino ha iniciado, ya no estás estancado!

RECUERDA:

Amado Dios.

Hoy decido no vivir por rutina ni por ego, sino para manifestar tu gloria.

Si hay algo en mí que aún no se ha rendido a ti, muéstramelo.

Si mis planes no son los tuyos, derríbalos.

Y si mi corazón se distrae, tráelo de regreso.

Hazme sensible a tu voz, disciplinada a tu palabra y valiente para obedecer sin condiciones.

No quiero correr hacia puertas que tú no abriste, ni construir fuera de ti.

Reprende en mí el orgullo, la comparación y toda ambición vacía.

Que mis dones, mi tiempo y mis palabras estén alineados a tu propósito eterno.

Hoy me rindo a tu diseño, porque en ti lo tengo todo y fuera de ti no soy nada.

Amén.

CAPÍTULO 6
¿DE MALAS EN EL AMOR?

Después de haber logrado ponerle fin a mi relación con *S*, entré en un largo período de soltería.

Las decepciones causadas a lo largo de los años habían dejado **profundas secuelas.**

Me costaba confiar en los hombres, creer en sus buenas intenciones, en sus promesas de fidelidad. Seguía culpando a *S* porque me había hecho madre al mismo tiempo que a otra mujer. Lo relacionaba con mi cáncer, con el sistema reproductor que ya no tenía. Aún no había analizado con suficiente distancia y, sobre todo, madurez, que las cosas con él habían sido así porque yo lo había permitido, una y otra vez. Era yo quien no me había dado el valor suficiente, quien no había puesto límites. "Aceptamos el amor que creemos merecer", concluía el protagonista de la película *Las ventajas de ser invisible*; yo aceptaba ese amor lleno de carencias y volvía con él, así fuera a distancia, una y otra vez.

¿Por qué estuve cinco años con *S*? ¿Cómo pude perder tanto tiempo? Vamos por partes. En primer lugar, justifico mi permanencia por ese estatus engañoso que te da el saberte novia de alguien. La *loca de la casa* puede ser tan convincente que hasta nos ofrece "lógicas" tan perversas como esta pseudoecuación: si he sido elegida por alguien es porque algo está bien conmigo; en cambio, si nadie me ha elegido es porque algo malo debo de tener. En segundo lugar, y aunque les suene extraño, no perdí mi tiempo con *S*; estuve con él el tiempo necesario para adquirir el aprendizaje que ahora tengo en cuanto a amor propio y relaciones románticas constructivas, sanas, en sintonía con Dios.

Dejando el pasado atrás, lugar al que pertenece, retomo la historia de cómo caí nuevamente en las trampas del amor. Previo a mi regreso a Estados Unidos en 2020, estaba dictando uno de los cursos de *trading* en modalidad virtual. En el grupo de estudiantes había uno que, según me contó una de mis compañeras del equipo de *network marketing*, estaba interesado en mí; incluso le aseguraba que yo sería su novia. Yo no tenía contacto directo con él, pero poco a poco me fueron llegando más comentarios acerca de sus intenciones románticas, hasta que se formó una especie de grupo de apoyo entre los conocidos que teníamos en común. La misión era que la profe Eddy cambiara de estado civil. Hasta Sandra intercedió por él: "llevas mucho tiempo sola, dale una oportunidad". ¿Será?, ¡¿será?!... ¡será! Esa fue la conclusión a la que llegué antes de partir a Orlando, Florida, donde inevitablemente me encontraría con él, pues era uno de los asistentes al campo de entrenamiento. Conocerlo en persona no cambió mi percepción sobre él, era claro que *J* no me gustaba en términos románticos; sin embargo, una parte de mí empezó a cuestionar mi larga soltería. ¿En qué momento se volvió sospechoso ser soltero? ¿Acaso no es posible sentirse completo sin estar en una relación sentimental? Mi ser racional respondía que por supuesto era posible, que en ocasiones era incluso deseable estar en una relación exclusiva con uno mismo. Recordaba los años anteriores, entre parálisis, recuperaciones e intervenciones; limpiando mesas en restaurantes, aprendiendo sobre mercadeo y finanzas; en fin, ¡prosperando!, ¡creciendo! Relax, Eddy, se puede tener todo, pero no al mismo tiempo, afirmé mentalmente. Sin embargo, mi ser social no tuvo tanta determinación y en Texas, donde se llevó a cabo la segunda parte del entrenamiento, cedió ante la presión, invirtiendo el histórico refrán: mejor mal acompañada que sola.

Como suele ocurrir al principio de todas las relaciones, la nuestra también fue color rosa. *J* vivía en Miami, estaba en proceso de acceder a su residencia y me convenció de quedarme a vivir con él. En Colombia no tenía ataduras, solo un apartamento en alquiler, y a Venezuela tampoco era el momento de volver. Aunque sí había un *pero*, uno que no podía ignorar, mi situación legal. *J*, enamorado y generoso prometió ayudarme; no había fallas en su cálculo, una vez él fuera residente nos casaríamos y luego lo sería yo. Mi versión más pragmática lo entendió así: en caso de no ser el amor de mi vida, por lo menos sería el amor de mi visa. ¡Error!

J no accedería a ninguna residencia porque su condición, en ese entonces, era de asilado y en esa categoría no me podía incluir a mí. De esta noticia me enteré gracias a mi suegra en una conversación casual, no porque él hubiera tenido la delicadeza de sacarme del engaño y explicarme por qué había mentido. Decepcionada, en especial porque desde el inicio del noviazgo yo había sido absolutamente sincera en cuanto a mis enfermedades, mis sueños y mis limitaciones, lo enfrenté. Sus excusas fueron tan pobres que solo me comprobaron lo que presentía desde hacía un par de meses: *J* no era el hombre determinado que logró conquistarme, al parecer ese había sido su único esfuerzo en la vida. Cuando el programa de *trading* empezó a complicarse y los buenos resultados escaseaban, decidió trasladarse a un sofá del que solo se paraba, diaria y religiosamente, para ir a la casa de su mamá. Decía que estaba deprimido, pero luego me di cuenta de que las horas que pasaba acostado las dedicaba a coquetearle a otras chicas. ¡Qué original antidepresivo!

Yo también estaba preocupada por el negocio del *trading*, sin embargo, sabía que lo único que podía mejorar nuestra situación financiera era, como siempre, actuar. Dios mío, universo, ¿qué hay para hacer?, volví a preguntar. La respuesta no tardó en llegar. Por esos días estaba haciendo ejercicio con el popular programa 54D que, además de entrenamientos, ofrecía una guía de nutrición saludable a sus usuarios, muchos de los cuales no tenían tiempo ni intenciones de cocinar. Fue así como nació *FitFat*, mi emprendimiento de comidas saludables a domicilio. En las tardes, luego de lucharle un poco más a la academia, compraba los ingredientes necesarios para preparar ensaladas, pancakes, arepas, galletas y panes, bajos en azúcares y carbohidratos, pero ricos en proteínas. Nuestro pequeño apartamento se convertía en centro de producción hasta la mañana siguiente, cuando terminaba de empacar los pedidos y empezaba las entregas. A esta rutina le sumaba eventualmente otras tareas de la oficina de procesos migratorios de mi suegra, una mujer a la que además de apreciar, admiraba por su determinación. Ella, al igual que yo, estaba dispuesta a salir adelante sin importar las circunstancias, incluido su adorado hijo que no abandonaba el sillón.

Mi emprendimiento pronto llamó la atención de mis superiores en la academia.

No estaban de acuerdo con que dividiera mi tiempo y así me lo hicieron saber. Tomé su ultimátum como una señal, *EL TRADING* No iba más.

Un par de meses después de mi regreso a Estados Unidos, Nathy y mis papás, agobiados por la situación política venezolana y la reinante incertidumbre económica, decidieron probar suerte en el país donde poco a poco empezaban a prosperar sus dos hijos mayores. Su llegada fue una inyección de buena energía, juntos éramos invencibles. Mi papá consiguió trabajo en una bodega, cargando cajas de flores, mi mamá, en una heladería. Nathy ofrecía sus servicios de fotógrafa, *community manager* y creadora de contenido. Fue por obra y gracia de mi hermanita, precisamente, que mi futuro profesional y mi propósito de vida empezaron a alinearse.

Dispuesta a mejorar mis ingresos cada que fuera posible, acepté la propuesta de Nathy, quien necesitaba una modelo "casual" para un trabajo de fotografía. El pago eran cien dólares, ¡obviamente, lo haría! Durante la sesión conversé mucho con el esposo de su clienta, al final de la tarde ya le había contado mi vida. "Yo te veo futuro en el mundo de los seguros, ¿te interesaría?", me dijo. Le respondí con dos preguntas: ¿tiene algo que ver con reclutamiento como la academia de *trading*? "Para nada". ¿Me permitirá ayudar a otros al tiempo que gano dinero? "Así será, señorita". Pues no se diga más, ¡¿dónde firmo?!

Les conté a *J* y a mi suegra sobre la posibilidad de asociarnos para vender los seguros, pues ellos, gracias a la gestión de los procesos migratorios, tenían una base de datos de clientes potenciales cuyas necesidades más apremiantes eran asegurar su permanencia legal en los Estados Unidos, acceder a un seguro médico que les evitara los impagables *bills*, y tener los impuestos al día. El proyecto era un verdadero gana-gana. Yo estaría a cargo de toda la gestión comercial y *J* o mi suegra cerrarían los negocios, mientras yo accedía a la residencia, y a la posterior licencia de seguros. Así comenzamos, con la ilusión adicional, por mi parte, de que la relación con *J* mejoraría.

No fue así. No hubo cambios ni en su actitud con respecto al trabajo, ni hacia mí. Como mujer, me sentía invisible a su lado y en ocasiones pensaba que aún no había hecho lo suficiente por nosotros. Busqué una psicóloga, hice constelaciones, terapias de sanación. Todo lo que se me ocurría o me recomendaran. Mi determinación no tenía límites, ¿cómo me iba a quedar grande esto? El ego me impedía darme cuenta de que terminar con *J* no era una derrota, sino un acto de amor propio y sensatez. No éramos el uno para el otro, nuestro vínculo no se podía sustentar en la costumbre ni en la lástima, y mucho menos en el cariño que le tenía a mi suegra o el temor a perder nuestra sociedad laboral. Sabía que él tampoco era feliz, pero su pasividad excesiva nunca le permitiría iniciar la conversación incómoda y sincera que nos debíamos. Gracias a Dios, llegó Dios. Sí, hasta de esa relación sin futuro ni salida me sacó.

Incansable, léase testaruda, ingresé a un retiro de Emaús. Quizás allí encontraría la luz necesaria para encender nuestro amor. En una de las charlas hicieron una reflexión acerca de las parejas que vivían juntas sin estar casadas, como J y yo; condición que va en contra de los preceptos de Dios, por lo menos de aquel en el que con total fe y devoción creo yo. Me cuestioné, estaba dejando de lado los valores que había recibido de mis padres, me estaba alejando del Padre Celestial. El vacío que sentía no era por la falta de atención de J, sino por estar lejos de Dios. Le pedí que me iluminará y ofrecí en sacrificio mi comunión. No comulgaría hasta que me diera una señal que me indicara si debía seguir de novia o, por el contrario, *STOP!*

Regresé a nuestra casa. *J* estaba ahí, tumbado como siempre, durmiendo cada día hasta más tarde; si salía lo hacía con amigos o iba a donde su mamá. Conmigo nada de nada, ya no teníamos siquiera intimidad. Un 19 de diciembre me llamó para avisarme que en su familia había un brote de COVID, que no le parecía prudente volver al apartamento por miedo a contagiarme, que temía por mi salud. Fue tan prudente que no volvió. Y no fue hasta enero, cuando yo "me puse los calzones", lo encaré, y de paso a mí también, que la ruptura se oficializó. Dios cumplió con su parte, me mandó el COVID que derramó la copa y me devolvió al camino de la comunión.

A *J* lo seguí viendo a diario, compartíamos oficina y el proyecto de los seguros seguía creciendo. Pero hasta ahí.

EL TIEMPO, SANADOR POR EXCELENCIA, REPARÓ MI CORAZÓN

Y ME DEVOLVIÓ LA CERTEZA DE QUE MIS VALORES SON INNEGOCIABLES, DE QUE NO HAY NADA NI NADIE por encima de la lealtad, la fe y la gratitud.

EJERCICIO 6
CONÓCETE A TI MISMO

Quizás has escuchado este famoso aforismo atribuido a Sócrates, filósofo de la antigua Grecia; uno de esos que indagaba acerca de todo para concluir que ¡no sabía nada! Pero no se desanimen, recurro a él porque esta frase nos invita a viajar a nuestro interior, a examinarnos con sinceridad para reconocer nuestras fortalezas, debilidades, deseos; es decir, nuestra única e irrepetible naturaleza para poder vivir mejor.

Mis relaciones con *S* y con *J* no fueron malas, ahora lo sé. Fueron experiencias que me permitieron conocerme, saber qué tipo de compañero quiero a mi lado, cuánto estoy dispuesta a dar de mí y qué espero recibir. Sanar esas rupturas me hizo más fuerte y segura. Ahora estoy convencida de que no puedo comerme el mundo al lado de alguien que no tiene hambre, por eso me debo rodear de almas que sueñen, que vibren alto y que crean que todo es posible. Sé que hay alguien para mí. Mi corazón está lleno de amor para compartir y mi deseo de ser madre está intacto. Encontraré un compañero cuyos valores innegociables resuenen con los míos. Alguien para el que mi todo no sea demasiado, sino justo lo que estaba esperando.

¿Qué rasgos de tu personalidad te definen?

____

____

____

____

____

____

____

____

¿Cuáles son tus valores innegociables?

____

____

____

____

____

____

____

¿Cuáles son tus prioridades en la vida?

____

____

____

____

____

____

____

____

____

____

¿Cómo sería una relación en la que te sentirías pleno, es decir, tranquilo y feliz?

____

____

____

____

____

____

____

____

RECUERDA:

Los diez Sí de tu vida

1. ♥ Sí a hablarte con amor.

2. ♥ Sí a enfrentar tus miedos.

3. ♥ Sí a arriesgarte por tus sueños.

4. ♥ Sí a ser auténtico.

5. ♥ Sí a aceptar todas tus emociones.

6. ♥ Sí a escuchar tu intuición.

7. ♥ Sí a poner límites a lo que daña.

8. ♥ Sí a pedir ayuda cuando lo necesites.

9. ♥ Sí a rodearte de quienes te eleven.

10. ♥ Sí a cuidar tu salud mental y emocional.

CAPÍTULO 7
VIVIR CON PROPÓSITO

Podría decir que el año 2022, luego de la ruptura con *J*, transcurrió sin mayores novedades, pero con múltiples ocupaciones.

Seguía con el emprendimiento de comidas saludables y con el negocio de los seguros, **para el que ya tenía licencia propia.**

Mi relación con el cuerpo había cambiado sustancialmente, por fin entendía el valor que tenía y cómo debía cuidarlo, incluso me retiré las prótesis de los senos que me había puesto años atrás. Sin embargo, no fueron las parálisis ni sus posteriores recuperaciones las que me otorgaron esta consciencia, tampoco el cáncer, fue el programa de entrenamiento que les mencioné en el capítulo anterior.

En una de las sesiones de ejercicio debíamos subir una rampa bastante empinada; con solo verla pensaba en el monte Everest, inconquistable. Empecé a avanzar y pronto me di cuenta de que no lo lograría. Tenía sobrepeso y en mi cuerpo aún había secuelas del SGB.

Uno de los entrenadores se puso detrás de mí a manera de soporte, me decía que diera un paso y luego otro, que no me preocupara, pues él me sostenía. Me aseguró que no teníamos ningún afán y que él confiaba en que alcanzaríamos la cima. A su voz de aliento se sumó la de otros compañeros que me animaban a dar el siguiente paso. Nos tardamos un buen rato hasta que lo conseguimos.

Esa noche, mientras le agradecía a Dios por mi logro físico, fue cuando comprendí que hasta entonces había dado por sentado mi cuerpo, que no le había dado el trato que merecía; ni siquiera le había dado las gracias por recuperarse una y otra vez. Me propuse ser más juiciosa con la alimentación, qué ironía cuidar la dieta de los demás con *FitFat* y no la mía. Además de las fisioterapias, incorporé con regularidad otras actividades físicas.

Mi cuerpo fue adelgazando y haciéndose más fuerte. Me sentía contenta por lo que veía en el espejo, sobre todo porque el resultado era fruto de la dedicación. "La que sigue, lo consigue".

Esa misma filosofía la tuve que poner en práctica con los seguros, pues mi apreciado *J*, una vez obtuve la licencia, incumplió con el trato que teníamos de pasarme los clientes que yo había llevado. Supongo que aún tenía alguna espina por sacarse, entonces aprovechó que el acuerdo era de palabra y que a estas se las suele llevar el viento bien lejitos. Me tocó conformarme con la mitad de las pólizas, pero en menos de un año y medio ya había duplicado mis clientes: doscientos hechos a pulso.

A pulso de llamadas *en frío.* "¿En qué?", se estarán preguntando ustedes. Tomen papel y lápiz, les daré una lección comercial gratuita: una venta en frío es una llamada tipo *call center*, absolutamente impersonal, sin emoción alguna. Esta característica es muy importante, ya que hay personas que, en sus inicios en ventas, suelen ofrecerles los productos o servicios a sus familiares y conocidos, lo que de inmediato genera incomodidades de lado y lado. El potencial comprador se siente obligado por el vínculo y termina accediendo, quizás, de mala gana. Por su parte, el vendedor, si no hace el negocio, suele tomarse el rechazo como algo personal.

Con las ventas en frío no hay desgaste emocional. Llamas al posible cliente, le *echas el cuento*[1] y ya está. En mi caso, echar el cuento era echar *mi* cuento, el de una latina en proceso de legalizar su residencia y con antecedentes médicos. Describirles mis *bills* era el argumento más convincente para quienes aún no se decidían a tomar un seguro médico por lo costoso que les resultaba.

Me respondían que estaban saludables, que no veían necesidad. Yo les volvía a repetir la cantidad de ceros de las cuentas por pagar, entonces cedían, y así sumaba ¡una póliza más! Les conté a *J* y mi exsuegra la idea del *call center*, de su potencial. Les expliqué que solo necesitábamos incorporar un par de personas al equipo y que yo las podía entrenar. A ellos les parecía un gasto innecesario, los clientes les llegaban de manera directa por el servicio de los trámites migratorios. A mí no. De manos cruzadas no me iba a quedar.

---

1   Expresión coloquial que significa contar algo de manera casual, desprevenida.

Su negativa se sumó a la lista de razones por las que era hora de independizarme y oficializar lo que en mi cabeza ya tenía nombre: *EV Financial* (EVF). Sin embargo, al igual que había ocurrido con la ruptura amorosa, me costaba decidirme y actuar. En cada sesión de terapia, mi psicóloga me pedía que le pusiera fecha a la salida, y en la siguiente cita corroboraba, con desilusión, que no había sido capaz. Eddy, me decía a mí misma, no te dan crédito suficiente, no valoran tus iniciativas, no te consultan decisiones importantes, y si eso no basta: ¡son tu exnovio y tu exsuegra! Querida, no más.

No más eran un par de palabras que por esos días no tenían cabida en mi ajetreada vida. El 2023 iba a una velocidad que no podía dimensionar. Las jornadas a las que me había sometido eran agotadoras: en las madrugadas terminaba de preparar los encargos de *FitFat*, luego hacía fisioterapia e iba al gimnasio, después llegaba a la oficina de trámites migratorios para ocuparme de los seguros y otros pendientes, y cerraba casi todos los días con alguna actividad religiosa. Los lunes iba a la Iglesia de Saint Agnes para la adoración perpetua, una práctica de oración y contemplación en la que honramos la presencia de Jesús de manera continua, por lo que los fieles nos organizamos en turnos para asegurarnos de que siempre haya alguien con él. Los miércoles tenía reunión de Emaús y los domingos iba a misa. Estaba en mi mejor momento profesional, la *queen* de las ventas en frío, y mi cuerpo lucía saludable. Pero no lo estaba y pronto lo comprobaría.

Me había acostumbrado a vivir bajo un alto nivel de estrés, a hacer las cosas por inercia, **a no parar hasta conseguir lo que quería.**

Estaba llevando mi autodeterminación al límite, sin comprender que **se puede tener todo,** aunque no al Mismo tiempo.

Planeaba en exceso y no me permitía ningún desvío. Tampoco estaba priorizando. En lo profesional, en lo personal y en lo social lo estaba dando todo y más. Incluso estaba haciendo cosas que en realidad no quería por complacer a los demás, por no decepcionar. Fui Eddy *la imparable* hasta la mañana del 10 de mayo cuando mi cuerpo se volvió a paralizar.

"Eddy, bájale al estrés y no trabajes más con tu exsuegra", me dijo por enésima vez mi amiga Zuleima cuando nos despedimos luego de un entrenamiento físico que a duras penas pude terminar. Ya sé, le respondí, consciente de que el fuerte dolor de cabeza que tenía desde que me había despertado le daba *algo* de razón; sin embargo, continué con los planes del día, había mucho por hacer.

Llegué a la oficina en compañía de una intolerable migraña y unos destellos de luz que aparecían y desaparecían frente a mis ojos, alterando mi campo visual. Minutos después estaba vomitando y pidiendo ayuda a mis compañeros, quienes llamaron a mi papá para que me llevara al *urgent care*; esperándolo me desmayé. De camino a urgencias le dije a mi padre que de nuevo estaba perdiendo la fuerza del cuerpo, que no podía creer que esto me estuviera sucediendo otra vez. ¡¿No había sido el cáncer el último de mis tropiezos?!, *God give me a break!*[2]

Quien respondió fue mi papá: "Hija, en Dios confía", me dijo mientras entrabamos al servicio de urgencias donde me chequearon los signos vitales. El ojo izquierdo no era capaz de seguir el movimiento del lápiz que el doctor sostenía frente a mí; tampoco era capaz de subir el brazo izquierdo. Cuando les conté sobre mi antecedente de Guillain-Barré pidieron una ambulancia para que me llevara al Palmetto General Hospital (PGH), al que llegué con el párpado izquierdo totalmente caído y sin poder mover el labio. Allí, el personal médico descartó un derrame cerebral y retomó la hipótesis de una migraña severa con afectaciones de movilidad, por lo que me trasladaron al centro de rehabilitación de West Gable donde conocí a Ashley, terapeuta física de profesión y ángel de la guarda desde entonces. Para ella y su colega Joao, la hipótesis del PGH no era acertada, por lo que insistieron en que un

---

2   Dios mío, dame un descanso.

neurólogo me hiciera una valoración más profunda. Fue así como llegó a mi vida el doctor Kester Nedd, quien, luego de una semana de análisis y terapia física simultánea, solicitó un nuevo traslado al Florida Kendall Hospital para realizar exámenes más rigurosos. Antes de partir, le aseguré a mi querido y muy cascarrabias Joao que Dios me iba a salvar nuevamente.

Mi certeza provenía de la conversación que por esos días había iniciado con el Padre Celestial, aquella que había dejado pendiente en la recuperación de la histerectomía, cuando empecé a pensar que las pruebas atravesadas no eran inconexas; por el contrario, debían responder a un propósito superior, al de mi existencia. Diez años atrás, en mi primera hospitalización por el SGB, había decretado que mi diagnóstico no era mi destino, pero ahora concebía la idea de estas peripecias como parte del camino hacia mi propósito. Mi familia apoyaba esta idea.

RECUERDEN QUE NO NOS LIMITÁBAMOS A CREER EN DIOS, **LE CREÍAMOS A DIOS.**

Dejemos de lado el asunto del propósito por un momento, aún no tenía claro cuál era y mi atención estaba puesta en el ingreso a la Unidad de Cuidados Intensivos (UCI) de Kendall en la que, por normativa, tenía que quedarme sola. Se había renovado el vía crucis, de nuevo la incertidumbre y la posibilidad de una esclerosis múltiple. Para comprobarlo tuvieron que hacerme otra punción lumbar, otras, mejor dicho; en el intento número dieciocho lograron sacarme el líquido cefalorraquídeo.

Mientras llegaban los resultados, el doctor Nedd decidió indagar otro camino, el psicológico. Quizás mi cuerpo paralizado estaba manifestando un malestar emocional. Por incómoda que resultara la hipótesis, no podía negar que había argumentos para considerar un trastorno psicosomático: había pasado poco tiempo desde mi ruptura con *J* y no le había hecho un duelo apropiado.

No sé qué es un duelo apropiado, aunque supongo que es algo absolutamente personal, subjetivo; de lo que sí estoy segura es de que no me di la oportunidad de sentir tristeza ni cualquier tipo de emoción de esas que calificamos como "negativas" y que, cuando podemos, evadimos. Además, estaba trabajando desde que amanecía hasta que anochecía sin descanso alguno y sentía mucha ansiedad por la separación laboral que seguía posponiendo. Aunque ser confrontada por el doctor Nedd fue duro, le di mucho valor a sus cuestionamientos. Si se trataba de un asunto emocional debía hurgar ahí; no nos podemos pasar la vida *echándoles tierrita*[3] a los dolores del alma.

Finalmente, me dieron el diagnóstico: una nueva recaída del síndrome de Guillain-Barré a la que se sumó una variante, el síndrome de Fisher Miller que afecta los nervios periféricos. Esta variación, bastante rara, como todo lo relacionado con mi salud, se caracteriza por una tríada de síntomas: ataxia (problemas de coordinación), oftalmoplejía (parálisis o debilidad de los músculos oculares) y arreflexia (ausencia de reflejos tendinosos). La buena noticia era que, al igual que con el SGB, el pronóstico de recuperación era de aproximadamente seis meses. Ya lo he logrado en dos oportunidades, pensé. Antes de terminar el año estaré bien.

---

3   Dejar algo atrás. Olvidar algo sin superarlo necesariamente.

Como les anticipé, entre las correrías de un centro de salud a otro y las agotadoras esperas empecé a conversar con Dios y a darle perspectiva a mi situación. Lo primero que noté fue la calidad de las personas que me estaban acompañando por esos días. Además de mi familia, amigos y colegas de trabajo, me visitaban compañeros de la iglesia, a quienes conocía desde hacía poco tiempo. Algunos pasaban tardes enteras conmigo; conversábamos, rezábamos, nos reíamos tanto que daba la impresión de que éramos amigos de toda la vida. Esa red de apoyo fue otra de las evidencias de que Dios siempre estaba conmigo. Él me había acercado a esa comunidad porque ellos me darían el apoyo necesario para transitar ese periodo de dolor físico y angustia emocional. Con ellos compartía mis principios. Con ellos me sentía segura, plena, comprendida. A su lado me sentía en casa, en el hogar de Dios.

Esta red se había empezado a formar dos meses antes de la recaída, aunque, por supuesto, no até cabos en ese momento. En un retiro espiritual del grupo *Effetá*, conformado por los jóvenes de *Saint Agnes Catholic Church*, compartí habitación con Ari, quien pronto se convirtió en una amiga del alma como Sonier. Ella me recogía todos los lunes para llevarme a la adoración del Santísimo en la que pedíamos por mi recuperación. Allí nos encontrábamos con otros miembros de este maravilloso grupo al que describo como un pedacito de cielo en la tierra y que para mí ha significado apertura: abrirme al mundo aun en los días que me asusta; volver a creer en las relaciones aunque haya conocido decepciones; abrazar los retos que más me cuestan afrontar; y reconocer mis dolores y angustias, sin esconder mi vulnerabilidad.

Transitar la vida en solitario es imposible, no hay nosotros sin los otros; mi historia ha sido el mejor testimonio de esto. El *para qué a mí* se empezaba a revelar. ¿Cómo agradecer la presencia de Dios y de todos aquellos que han hecho posible que yo siga aquí? Devolviéndoles amor y apoyo incondicional; y no solo a ellos, sino a la mayor cantidad de personas que pueda impactar. ¡*Eureka*[4], Eddy! Tu propósito es crecer, en todo sentido, para ayudar a los demás.

---

4   Término que se utiliza cuando se halla o descubre algo que se busca con afán.

Salí del hospital, inicié mi recuperación física y retomé la idea del *call center*, la llevaría a cabo sin mis *ex*; había llegado el momento de *partir cobijas*[5] oficialmente. A mis primeras colaboradoras les dije que no les podía pagar mucho, pero les pedí que creyeran en este sueño que era *EVF* y les reiteré que yo confiaba plenamente en ellas a pesar de no tener ninguna experiencia en ventas. Poco a poco nos fuimos consolidando como equipo; todas las ganancias se invertían en nuevos integrantes, siendo la meta un colaborador mensual. Para el reclutamiento del personal puse en práctica la filosofía de mi papá: buscar personas con las que compartiera valores, que estuvieran alineadas con mi ética personal y profesional; las habilidades comerciales se las podían enseñar. En el trabajo, al igual que en los demás ámbitos de mi vida, debía actuar con coherencia, rodeándome de aquellos que reforzaran mi esencia, no de quienes me alejaran de ella y, por ende, de Dios.

En los primeros seis meses de operaciones *EVF* sumaba más de mil clientes y empezaba a consolidarse una verdadera estructura empresarial. Nuestro éxito se basaba en el buen

---

5   Expresión coloquial colombiana que significa terminar una relación, ya sea amorosa, de amistad o de otro tipo.

servicio al cliente, el cual dependía del bienestar de los empleados que les ofrecían los seguros médicos. Incorporé el concepto de la cadena de favores, sumando a nuestro equipo una persona de recursos humanos un tanto atípica, alguien con mentalidad filantrópica, que se preocupara más por el *ser* que por el *hacer*. Quería que los colaboradores de *EVF* no solo crecieran económicamente, sino que el impacto de su trabajo fuera integral.

Desde los inicios de la empresa supe que su verdadero potencial residía en nosotros, en cada uno de los que diariamente renovaba su compromiso con este sueño. Hoy cuento con orgullo que una de nuestras jefas de departamento pasó de ganarse ciento ochenta dólares, por unas cuantas horas de ayuda como asistente, a mil doscientos dólares mensuales; en los inicios éramos cuatro personas, haciendo lo que nos tocara, y en 2025 somos sesenta y siete, procurando el acceso a la salud de más de diez mil clientes.

Nuestro portafolio creció y además de las coberturas en salud empezamos vender seguros suplementarios, de vida y de planificación financiera. En 2024, lanzamos *EV Agency*, una plataforma de formación para agentes de seguros, enfocada en transmitir principios éticos, búsqueda de propósito y liderazgo transformacional; cada vez estoy más convencida de que la clave de una vida plena se encuentra en descubrir nuestros talentos para luego compartirlos con el mundo.

Contrario a lo que ocurrió en las recuperaciones físicas anteriores, el proceso iniciado con la tercera recaída ha sido muchísimo más largo y complejo. Han pasado casi treinta meses y algunas funciones motoras todavía evidencian secuelas de la parálisis. Además de alteraciones en la calidad del sueño, tuve una pérdida de apetito que me hizo disminuir más de veinte kilos (cincuenta libras). No puedo negar que hay días que se sienten agotadores; no quiero ir a terapia, no quiero caminar con la ayuda de aparatos. Tampoco puedo negar que otros días abro los ojos y de inmediato siento miedo de volverme a paralizar. Reconozco mi resiliencia, mi fortaleza mental y espiritual, no pongo en duda mi fe, pero soy humana, entonces me permito, por un ratito, sentirme mal.

Luego vuelvo a centrarme a través de la gratitud. Miro a mi alrededor y empiezo a dar gracias, en primer lugar, por seguir aquí.

Aprieto a *Coco*, mi peludo, y doy gracias por su compañía, por la alegría que me da. Agradezco por mi familia, mis amigos, el equipo de *EVF*, el grupo de la iglesia. Le agradezco a Dios. Me doy las gracias a mí por elegir vivir a pesar de las adversidades, sin victimizarme ni conformarme; al contrario, buscando prosperar, sirviéndoles al Padre Celestial y a cuantos pueda ayudar e inspirar. Por eso tienes este libro en tus manos, porque quizás mi historia puede servirte de ejemplo, demostrándote que imposibles no hay.

Tengo veintiocho años y por fin puedo decir que estoy viviendo bajo mis prioridades: privilegiar la salud física y la estabilidad emocional, y construir cada día mi futuro sin dejar de disfrutar el presente. Quiero tener una familia, ser mamá, expandir mi empresa, crear una fundación en Venezuela para ayudar a mujeres con cáncer, y otra para jóvenes que luchan por liberarse de las adicciones. Quiero seguir transmitiendo el mensaje de Dios, porque Él me permitió llegar a ti para decirte que sigas tu corazón, porque ahí está tu propósito; que confíes en tu estómago, porque la intuición nunca miente; y que uses tu cabeza, porque la sabiduría, producto de tus aprendizajes y experiencias, te mantendrá firme en el camino. Escucha las tres voces. Confía en Dios. Confía en ti. Solo por hoy, confía.

EJERCICIO 7
MIS DONES EN ACCIÓN

"El significado de la vida es encontrar tu don. El propósito de la vida es regalarlo".

Esta bonita frase de Pablo Picasso nos sugiere que además de descubrir nuestras capacidades, sería ideal que las utilizáramos para contribuir con el bienestar de los demás y del mundo en general. No se asusten, no tienen que ser cosas magnánimas. Toda acción genuina, desinteresada, por insignificante que parezca, puede impactar. Una sonrisa amable, un halago sincero o un pequeño favor pueden darle la vuelta al día de una persona que siente que encima de su cabeza se posó una nube negra desde que amaneció.

Ahora bien, quienes hemos tenido la oportunidad de identificar nuestros dones y de ponerlos al servicio de los demás, podemos dar fe de que nuestra existencia se enriquece de una forma que ninguna suma de dinero puede igualar; se trata de una retribución absoluta, una fuente de energía inagotable que cambia nuestra vida desde la cotidianidad: nos levantamos todos los días a hacer aquello en lo que somos buenos mientras servimos a los demás.

Nunca es tarde para nada, menos para encontrar una de las formas en las que se manifiesta la felicidad.

¿Te atreves? Empieza por aquí, reconociéndote a ti:

¿Cuáles son los **rasgos más bonitos de tu personalidad?**

Descríbelos brevemente:

1. ♥ _______________________________

____

____

____

2. ♥ _______________________________

____

____

____

3. ♥ _______________________________

____

____

____

¿Cuáles consideras son tus **dones, habilidades o talentos naturales?**

Descríbelos brevemente:

1. _______________________________

____

____

____

2. _______________________________

____

____

____

3. _______________________________

____

____

____

¿Cuáles de esos dones estás **poniendo al servicio de los demás?**

____

____

____

____

____

____

¿Cómo les sirves a los demás desde tu quehacer actual?

¿Qué acción concreta que impacte a otra(s) persona(s) **puedes realizar a partir de hoy?**

RECUERDA:

- ♥ Primero lo sueñas.

- ♥ Después lo construyes.

- ♥ Continúas trabajando con la misma disciplina del primer día.

- ♥ Y en cada paso que das confirmas la fe que tienes en Dios y en ti.

- ♥ Agradeces tus logros con humildad y reconoces en las dificultades una oportunidad.

- ♥ Compartes el éxito con los demás.

Despiertas a un nuevo día.
Momento de actuar, dar gracias y amar.

EPÍLOGO

MI NIÑA DEL FUTURO,

No sé dónde estás cuando mis
manos escriben esto.
No sé si estás en un escenario, en
la oficina en la que has cumplido
grandes sueños,
en el cuarto de un hospital
sosteniendo a alguien que amas,
o en tu casa mirando el cielo y
reconociendo en él la presencia de
un amigo.

Solo sé que estás viva.
Y eso, para nosotras, ya es un
milagro.

Hoy te escribo desde un presente
que huele a café recién hecho,
desde un corazón que aprendió a
romperse y a volver a amar,
desde un cuerpo que ha sido
territorio de guerra y resurrección.

Estoy aquí, con lágrimas que no
sabes que lloré,
librando batallas que aún
desconoces,
con cicatrices que algún día
acariciarás con ternura,
porque entenderás que sin ellas
podrías haber vivido, pero jamás
habrías despertado.

Quiero contarte algo que solo ahora comprendo:

hubo días en los que pensé que
Dios me había soltado la mano.
Días en los que la vida se sentía tan
pesada que ni siquiera tenía fuerzas
para pedir ayuda.
Días en los que las palabras "por
qué" se quedaban atoradas en la
garganta,
pues no tenía aliento para
pronunciarlas y el alma no
encontraba sosiego.

Pero Él,
Él nunca se movió.
Fui yo quien lo perdí de vista
entre medicamentos, diagnósticos,
rupturas, pérdidas y silencios.

Él siempre permaneció a mi lado.
En la mano que me sostuvo cuando
las mías temblaban.
En la enfermera que me arropó
cuando nadie podía visitarme.
En la amiga que llegó sin avisar.
En mi papá durmiendo en el piso
del hospital.
En mi mamá rezando a kilómetros
de distancia.
En cada paso que di cuando las
piernas aún no recordaban cómo
caminar.

Si algún día dudas de Dios,
regrésate a este instante.
A este corazón que escribe
temblando, pero escribe.

MI AMADA DEL FUTURO,

Quiero que cierres los ojos y
escuches algo:
no tengas miedo de la mujer en la
que te estás convirtiendo,
porque ella nació del fuego.

Nació el día en que tus piernas no
respondieron.
Nació cuando un médico te dijo
que te quedaban meses de vida.
Nació cuando tu cuerpo perdió un
hijo que ya habías amado.
Nació cuando te quedaste sola
en Estados Unidos con apenas un
sueño y muchísima fe.
Nació cuando te rompieron el
corazón, pero conservaste la
esperanza.

Nació cada vez que dijiste "solo
por hoy" con los ojos llenos de
lágrimas y el alma convencida de tu
valentía.

Esa mujer —esa tú del futuro—
no es un milagro accidental.
Eres un milagro intencional.

Quiero que recuerdes esto:
Tú eres la respuesta a oraciones que
hiciste llorando en silencio.
Eres la cosecha de todas las veces
en que sembraste fe aun cuando no
tenías fuerzas.
Eres el resultado de noches que
nadie vio,

de pensamientos que nadie
escuchó,
de luchas que nadie aplaudió.

Pero Dios sí.
Él lo vio todo.
Y por eso te tiene hoy donde estás.

Sé que en el futuro habrás logrado
muchas cosas.
Tal vez ya tienes una familia,
o estás sosteniendo a tu hijo
adoptivo.
Quizás estás guiando a cientos de
personas hacia la fe,
o eres la líder que soñaste cuando
estabas en una cama de hospital.

Tal vez has construido empresas,
fundaciones, comunidades,
hogares.
Seguramente estás sentada frente a
una versión más plena de ti,
más sabia, más tranquila, más
amorosa.
Sin embargo, escúchame:
no importa qué tan lejos llegues,
no olvides nunca quién te enseñó a
levantarte: Dios.

No olvides quién te enseñó a
luchar: tu pasado.
No olvides quién te enseñó a
resistir: tu cuerpo.
No olvides quién te enseñó a amar
incondicionalmente: tu familia.

Y no olvides quién te enseñó a
volver a empezar: tú.

Si en el futuro vuelves a sentir
miedo, recuerda esta imagen:
Tú, a los quince años, sin poder
mover las piernas,
y, aun así, mirando hacia el futuro
llena de esperanza.

Si en el futuro vuelves a sentir
tristeza, recuerda:
Tú, rapada por la quimioterapia,
y, aun así, diciendo: "Dios, gracias
porque sigo viva".

Si en ese futuro vuelves a sentir
incertidumbre, recuerda:
Tú, levantando una empresa desde
cero,
con las manos que antes no podían
sostener ni un lápiz.

Si en ese futuro vuelves a sentir
cansancio, recuerda:
Tú, en una UCI, diciéndole al doctor:
"Mi diagnóstico no será mi destino".

Y si en ese futuro vuelves a sentir
soledad, escucha bien:
Dios jamás ha perdido de vista tu
alma.

Hoy, desde este presente que a veces duele y a veces brilla, te prometo algo:

Voy a seguir luchando hasta llegar a ti.

Voy a seguir creyendo aunque tiemble.

Voy a seguir confiando aunque no entienda.

Voy a seguir amando aunque me rompan.

Voy a seguir construyendo aunque me canse.

Voy a seguir diciendo "solo por hoy".

Hasta que ese "solo por hoy" me lleve directo a tu abrazo.

MI NIÑA DEL FUTURO,

Cuando leas esta carta, agradece.

Agradece tus logros,
agradece tus heridas,
agradece tu historia,
agradece tus intentos,
agradece tu fe,
agradece tu Dios.

Pero, sobre todo, agradécete a ti.
Estás allí porque nunca dejaste de
caminar,
aunque la vida te quitara las piernas
más de una vez.

Con amor eterno,
con gratitud profunda,
con fe que no caduca,

Tu yo del presente,
que aún no ha llegado,
pero lo hará.

192